Sinfonia Titã:
Semântica e Retórica

Coleção Estudos
Dirigida por J. Guinsburg

Equipe de realização – Edição de texto: Lilian Miyoko Kumai; Revisão de provas: Iracema A. de Oliveira; Sobrecapa: Sergio Kon; Produção: Ricardo W. Neves e Raquel Fernandes Abranches.
Figura – *O Enterro do Caçador*, gravura de Moritz von Schwind, 1850.

Henrique Lian

Sinfonia Titã:
Semântica e Retórica

Dados Internacionais de Catalogação na Publicação (CIP)
(Câmara Brasileira do Livro, SP, Brasil)

Lian, Henrique
  Semântica e retórica na Sinfonia Titã / Henrique Lian. –
São Paulo : Perspectiva ; Campinas, SP : Sanasa, 2005. – (Estudos ;
223 / dirigida por J. Guinsburg)

  Bibliografia.
  ISBN 85-273-0739-1 (Perspectiva)

  1. Mahler, Gustav, 1860-1911 – Crítica e interpretação
2. Mahler, Gustav, 1860-1911. Titã (Sinfonia n° 1, em ré maior) –
Crítica e interpretação 3. Poemas sinfônicos – História e crítica
4. Retórica 5. Semântica I. Guinsburg, J. II. Título. III. Série.

05-7853   CDD-784.18409

Índices para catálogo sistemático:
1. Sinfonias : Música : História e crítica   784.18409

Direitos reservados à
EDITORA PERSPECTIVA S.A.
Av. Brigadeiro Luís Antônio, 3025
01401-000 – São Paulo – SP – Brasil
Telefax: (0--11) 3885-8388
www.editoraperspectiva.com.br
2005

Dedico este trabalho às mulheres da minha vida: minha mãe, Yvett Lian, que moldou o meu caráter e criou as condições necessárias para o desenvolvimento do meu gosto e sensibilidade; minha mulher, Leonora Costa e Rosa Lian, que sempre apoiou as minhas escolhas, por mais excêntricas que tenham parecido; minhas tias Celina e Yvone Lian.

Sumário

Agradecimentos XI

Apresentação – *Luiz Marques* XIII

1. A Questão do Significado na Música 1
   Conteudismo e Formalismo 1
   Linguagem Verbal e Linguagem Musical 5

2. A Obra de Mahler no Contexto da Discussão Estética 9
   A Posição de sua Obra na História da Música Ocidental 9
   Matéria Prima e Modernidade em Mahler 11

3. Sinfonia Romântica, Romântico-tardia e Moderna.
   A Sinfonia de Gustav Mahler 15

4. A Ironia Romântica e a Ironia em Gustav Mahler 21

5. Canções da Juventude: Canções de um Viajante 27

6. A *Sinfonia n. 1, em Ré Maior (Titã)*: Um Poema Sinfônico em
   Duas Partes: Dos Dias de Juventude e Comédia Humana 33

7. 1º Movimento: *Primavera sem Fim* ou A Rapsódia Sobre
   a Canção do Viajante 41

8. *Blumine* ou a Desistência do Interlúdio Floral 53

9. 2º Movimento: *A Todo Pano* (*Scherzo*, Valsa ou *Ländler?*) 59

10. 3º Movimento: *Funerais do Caçador ("Marcha Fúnebre à Maneira de Callot")* 67

11. 4º Movimento: *Do Inferno ao Paraíso* 77
    Aspecto Harmônico 78
    Aspecto Estrutural 80
    Citações Musicais e Cultura do Ouvinte (Humanística e Musical) 81

12. Conclusões Mahlerianas 93

Bibliografia 97

Agradecimentos

O presente livro originou-se de minha dissertação de mestrado, intitulada *A Sinfonia Titã de Gustav Mahler e o Segundo Grau do Significado no Discurso Musical: um Estudo de Semântica e Estética da Música,* apresentada ao Departamento de História da Arte do Instituto de Filosofia e Ciências Humanas da Universidade Estadual de Campinas (Unicamp) em setembro de 2003. Àqueles que caminharam ao meu lado, ao longo dessa jornada mahleriana, os meus sinceros agradecimentos, em especial:

- ao meu orientador, prof. Dr. Luiz Cesar Marques Filho, que, mais do que orientação, me proporcionou inesquecíveis colóquios, em tardes muito agradáveis em sua casa;
- ao prof. Dr. Jorge Coli que despertou o meu interesse pelo problema da semanticidade da música;
- ao prof. Dr. Nelson Alfredo Aguilar, que me acolheu e indicou o caminho a seguir quando tudo parecia incerto e conflituoso;
- aos membros da banca de qualificação e da comissão julgadora, prof. Dr. Olivier Toni e prof. Dr. Jorge de Almeida, pelo estímulo e pelas orientações sempre muito pontuais;
- ao prof. Dr. Marcos Tognon, que, com sua amizade e serenidade, ajudou a desvendar os labirintos acadêmicos;
- à colega Renata Sunega, por todo o incentivo e informações oportunas que tornaram o caminho mais seguro e agradável;
- ao sempre amigo Reinaldo Passos de Almeida, em cuja casa foi escrita boa parte desta dissertação;

- ao prof. Dr. Luiz Fernando Franklin de Mattos, pelo generoso estímulo à publicação deste trabalho;
- ao Dr. Luiz Augusto Castrillon de Aquino, cuja compreensão de que a arte é essencial tem viabilizado notáveis ações de apoio e inclusão cultural, possibilitando, inclusive, a confecção deste livro.

Apresentação

Henrique Lian conhece seu compositor da única posição em que de fato se pode conhecê-lo e o iluminar por dentro: a do estrado do regente. Quem ama Gustav Mahler deve com freqüência imaginar qual será a experiência de estar ali, de pé, *in medias res*. Retorna a imagem de Turner amarrado ao mastro de um navio para se deixar penetrar pela "cólera do mar". Mas, bem ao contrário da visualidade evanescente que resulta da policromia "suja" do pintor, o que Mahler propõe é a heterogeneidade pura, isto é, a coexistência de elementos – massas, linhas, registros rítmicos – que se constelam ou se chocam no espaço sonoro, sem se fundir: a heterofonia. Deve-se distinguir duas dimensões neste conceito. A primeira, diz respeito à autonomia dos motivos temáticos (e de células ainda menores) em atrição, que exaspera o sistema nervoso ao dificultar constantemente a condensação de uma imagem sonora unitária ou ao menos hierarquizada. A segunda, não menos desconcertante, diz respeito à autonomia dos afetos em jogo, justapostos ou bruscamente alternados em apelos díspares ou mesmo contraditórios, o que desestabiliza a mensagem emocional e a obriga a uma incessante recomposição de sentido. O que é importante notar aqui é que ambas as dimensões da heterofonia mahleriana colocam em estado de estresse não apenas nossas expectativas "estéticas" – o problema não pertence apenas à esfera da percepção –, mas a essência mesma do devir musical, seja ele considerado como uma *Offenbarung der Tiefe*, para usar a consagrada expressão hegeliana, vale dizer, como uma "manifestação do profundo", do fluxo pulsante do ser, anterior à toda representação, seja ele considerado, antropologicamente, como uma organização em sistemas históricos de encadeamentos regidos por diversas modalidades de reiteração, modulação, desenvolvimento, subordinação, em suma, de hierarquização interna. Desse duplo estresse, subjetivo e objetivo, desprendem-se forças centrífugas ou multívagas que são finalmente reorganizadas em um nível superior de unidade motívico-temática. E é exatamente esta capacidade de recaptar em uma unidade superior a desordem aparente dos motivos e de seus desencontrados afetos que garante a Mahler a posição privilegiada de que desfruta na antiqüíssima história do problema da música como "expressão".

Antes de se demonstrar pelos resultados efetivos de suas análises internas do tecido semântico da *Titã* (magistrais, em meu entender de profano), o feito de Henrique Lian consiste já na escolha de seu tema, que ele demonstra ser o *belvedere* ideal, o observatório incomparável a partir do qual a dimensão semântica da música revela-se com máxima evidência e densidade. Entre as várias razões desta proeminência, sobressai o fato que a música de Mahler nutre-se intensamente da citação e da auto-citação, as quais, ora se camuflam (como é o caso da melodia do início do *Noturno n. 18, opus 62, n. 2,* de Chopin, que Lian é o primeiro a detectar no Quarto Movimento da *Titã*), ora se recortam com provocadora nitidez no tecido sonoro. Boulez escreve que esta música "trai sua proveniência", acrescentando justamente que nesta aparente fraqueza "reside uma de suas maiores forças". De fato, erigir em princípio de organização da cadeia sonora a recorrência, alusiva ou explícita, da própria memória musical significa transformar, por força do próprio metabolismo emocional da memória, o sentido de cada passagem evocada. Entreviu-se aqui um efeito de segundo grau, um efeito de ironia, mas se um dos aforismas de Mahler é "tradição igual a negligência", então é possível entender esta duplicação ou multiplicação de camadas de significação também como uma vontade de exorcizar os automatismos inconscientes da memória (existencial e formal) através de sua exposição ostensiva. Em um momento, como o fim do século XIX, em que a tradição está tão absolutamente cristalizada, fazer intencionalmente uma música retrospectiva é a única forma de não a fazer involuntariamente. Seja como for, a visada retrospectiva parece ser a marca por excelência da música de Mahler. Dir-se-ia, com efeito, que com ela se conclui – às vésperas da atonalidade e das sucessivas edificações de sistemas sonoros mais ou menos alheios à tradição da tonalidade – a história da música como etopéia, isto é, como descrição do cosmos dos afetos humanos.

Que esta tradição hauriu, mesmo quando inconscientemente, suas mais belas intuições na matriz órfico-pitagórica e platônica é de todos sabido, e Lian não necessita, para a consecução de seus propósitos, deter-se na demonstração do que é premissa. Mas quem, como eu, teve a felicidade de acompanhar o percurso de sua pesquisa, percebe que, para além de suas afinidades pessoais como regente, uma outra razão levou-o a escolher Mahler como fulcro de uma reflexão sobre a semântica musical. Ela reside no fato que, se o compositor boêmio surge como o último e mais consciente herdeiro daquela matriz, é em parte porque soube eleger a sinfonia, isto é, a música de tradição instrumental, como o *locus* da questão do significado na música. Se a música vocal suscita questões fascinantes sobre a *interação* entre som e sentido, sobre as virtualidades musicais do significante, da prosódia e do verso, ela exclui, por outro lado, é quase supérfluo lembrá-lo, toda interrogação sobre o significado na música, pela óbvia razão que nela esse é já dado pela palavra ou é, pelo menos, condicionado "de fora" por ela. Pode-se facilmente imaginar uma arqueologia do sentido musical que o ancore originariamente na poesia. Assim, uma certa configuração de sons poderia ter-se impregnado de uma certa significação ou conotação afetiva porque, em um momento qualquer da cultura tardomicênica, um certo *nomos* – um certo tipo de linha melódica – associou-se a um certo *mood* poético, "adequado" às diferentes práticas sociais que o suscitaram: religiosas, fúnebres, festivas, guerreiras, amorosas, etc. Mas tal hipótese, em si irrecusável, não faz mais que repor de outro modo a questão que ela pretende resolver: por que tal *nomos* pareceu desde logo mais adequado que outro a um canto religioso, heróico, fúnebre, festivo, amoroso? A menos que se aborte o problema com a inverossímil presunção de uma absoluta arbitrariedade de tais associações, seremos, cedo ou tarde, levados a nos interrogar sobre a dimensão semântica das cadeias sonoras enquanto tais. De resto, do ponto de vista de uma mais tangível reconstituição histórica do problema, é precisamente a significação intrínseca da ordem musical o ponto de partida da heurística pitagórico-platônica.

Mas o problema essencial não está na origem remota (no limite, insondável) da semântica dos *nomoi*. O problema deixa-se apreender, com precisão e suficiente controle das fontes, no momento em que se formula pela primeira vez para nós, modernos, vale dizer, no momento em que este antigo patrimônio mítico e metafísico da *mousiké* grega reemerge na hermenêutica musicológica dos séculos XV e XVI. Não por acaso, a pintura vale-se então fundamentalmente do instrumento musical para traduzir a música em figura, e isto a tal ponto que a iconografia musical torna-se, no Renascimento, quase exclusivamente a iconografia do instrumento musical. Isto se deve antes de mais nada à circunstância que o instrumento musical ele próprio conhece então um impulso absolutamente sem precedentes. "A evolução de maior relevo que se operou na história da música entre 1400 e 1600" – lemos na clássica *História dos Instrumentos Musicais* de Curt Sachs – "foi a emancipação da música instrumental em relação à música vocal". Decorrência fundamental desta emancipação para a história da representação visual da música será a progressiva criação de uma verdadeira linguagem pictórica dos instrumentos, através da qual deviam nascer novas e ilimitadas possibilidades de diálogo, de cposição ou de complementaridades simbólicas, entre música e pintura. Decorrência fundamental desta mesma emancipação para a história da música será a concentração no campo da música instrumental da reflexão atinente à dimensão semântica da música.

A música sacra vocal e a ópera radicalizarão ainda mais a dicotomia voz/instrumento, ao se concentrarem, cada uma por suas próprias razões (de resto, espiritualmente opostas), não já na dimensão semântica da música, mas na dimensão musical da palavra, potenciando assim o poder desta última de agir sobre os afetos: a primeira, por ardor religioso, mais atenta a infundir na alma a lição do verbo; a segunda, por seu vínculo umbilical com o teatro, mais interessada em sua aptidão a *dilettare*. Engajadas em programas diversos, música vocal e instrumental enveredam, em todo o caso, por caminhos divergentes e a cisão desde então não cessa de se aprofundar. Separa-as no século XVIII o abismo imenso que diferencia quase em dois reinos distintos e incomunicáveis a *Arte da Fuga* de Bach, de suas próprias Cantatas. Tal dualidade não se reconverterá em nova unidade senão sob a hegemonia da Sinfonia, da Nona de Beethoven, antecedente fundamental de Mahler, como bem sublinha Lian, retomando com perícia as análises pioneiras de Deryck Cooke. Assim, é interessante notar que, se Wagner tenta sua ciclópica e genial cartada de transmutar Beethoven em Teatro, pensado como resultante alquímica, a inserção por Mahler de movimentos vocais em suas sinfonias obedece a uma lógica, por assim dizer, oposta: desde a *Titã*, estes não são concebidos como interlúdios de sabor lírico-operístico, como intrusões vocais no tecido instrumental, mas são submetidos a uma radical assimilação à escrita sinfônica, ao universo da sinfonia. "Uma alusão literária dentro da música", escreve Henrique Lian, "é, em Mahler, primeira e ultimamente música, apesar das fontes de inspiração e das possíveis referências de texto ou programa. Concilia-se assim, ao menos provisoriamente, dentro de seu discurso, a proposta da criação música-música, mantendo-se, ao mesmo tempo, a conexão com a totalidade do mundo da cultura. Auto-sustentável sem a obrigatória remissão a um programa, texto literário, paisagem natural ou obra de arte visual, firma-se ele facilmente entre os formalistas, pois, afinal, encontram-se aqueles diante de um sinfonista nato que estava a edificar um ciclo tão ambicioso quanto os de Schubert, Bruckner e mesmo Beethoven".

Mahler permanece o elo necessário entre "a preservação e a vanguarda do germanismo sonoro", elo sem o qual, continua Lian, não se poderia formular "a idéia schoenberguiana de garantir a supremacia da música germânica". Mahler, conclui, "era esse ponto de intersecção". É claro que isto não significa ignorar a importância da música programática de Berlioz e Liszt, precedentes largamente utilizados pelo compositor, inclusive na *Titã*, o que foi demonstrado em detalhe por Lian. Cookie não descarta sequer uma influência da Quarta Sinfonia de Tchaikovsky (que Mahler conheceu em Leipzig em 1888, justamente o ano de composição de sua *Titã*, sem, contudo, se deixar por ele impressionar), sinfonia cujo caráter programático foi claramente exposto pelo compositor russo em uma carta a seu discípulo, Sergei Taneyev. Mas a referência fundamental de Mahler permanece a tensão Beethoven / Wagner, inclusive porque o dilema entre a descrição factual e a expressão de uma idéia musicalmente interiorizada (dilema que os compositores não germânicos enfrentaram de diversas maneiras em seus programas) encontrava-se já formulado *in nuce* em Beethoven no dilema entre o "pitoresco" da *Pastoral* e a interpretação interna e subjetiva de uma idéia, na *Heróica* e na Quinta Sinfonia. Mahler não deixará de hesitar entre estas duas possibilidades beethovenianas. E se sua ânsia de ser entendido por um público atônito e inculto levou-o no início de sua carreira a explicitar tais descrições (Wagner fez o mesmo, e pelas mesmas razões, ao acrescentar programas explicativos às sinfonias de Beethoven), é possível afirmar que a complexidade impar das idéias que deseja expressar levou-o bem cedo, não apenas a superar os horizontes da música programática, mas a dilatar, até o limite da ruptura, os limites do representável na música *tout court*.

O leitor encontrará nos capítulos centrais deste livro talvez a mais penetrante análise da *Sinfonia Titã* existente na literatura sobre Mahler. Não me cabe aqui, leigo que sou, nenhum outro comentário, além de sugerir que a leia como um instrumento, como um guia seguro e amigo para enriquecer sua própria escuta. Uma palavra, no entanto, poderia ser ainda dita antes de passarmos diretamente a esta leitura-escuta. Trata-se de uma observação acerca do ano em que Mahler escreveu sua Primeira Sinfonia: o fatídico ano de 1888. Se o irromper da *Titã* marca uma ruptura abrupta na história da sinfonia e da música, esta coincide precisamente, em termos cronológicos, com uma inflexão similar e de mesma envergadura sobrevinda na história da arte e da crítica de arte. Com efeito, 1888 é o ano da viagem de Van Gogh para o sul, de onde resultariam seus delírios cromáticos terminais ("*le coloriste arbitraire*"), mas também o do advento do negro abissal das duas primeiras séries de gravuras de Odilon Redon para *La Tentation de Saint Antoine* de Flaubert. 1888 é, ainda, o ano do *L'Entrée du Christ à Bruxelles*, (The Paul J. Getty Museum of Art), de James Ensor, que inaugura o mais dilacerado momento de seu percurso, do nascimento dos *Nabis* em torno de Sérusier e Gauguin em Pont-Aven, bem como do *Parade de cirque (esboço)* de Seurat (Zurich, Collection Bührle), que coincide, por sua vez, com as bizarras teorizações do *Cercle chromatique et sensation de couleur* de Charles Henry, sempre de 1888. É também o ano em que Mallarmé traduz e lê a seus amigos a

Ten o'Clock Lecture de James McNeil Whistler, implacável reação contra o naturalismo e o impressionismo, a qual se adverte, a seu modo, na simultânea decisão de Joris-Karl Huysmans de escrever, por ocasião de uma viagem à Alemanha, sobre a *Crucificação* do altar de Isenheim (Colmar, Musée de Unterlinden) de Mathis Grünewald (1480ca.-1528), obra de um "expressionismo" jamais ultrapassado, à qual o escritor dedicará penetrantes reflexões, inclusive em *Là-bas* (1891).

Vistos sob uma angulação ampla, esses eventos de 1888, aparentemente desconexos, denotam um fenômeno de caráter geral, qual seja, o da ruptura de um campo de forças no interior do qual subsistia o antigo paradigma da imitação da natureza, cujo sonho impressionista da sensibilidade retiniana tinha sido, de alguma maneira, o último avatar. O que torna singular a crise do impressionismo, em relação às crises que o precederam, é o fato que ela leva a um abandono definitivo da noção mesma de imitação. Em 1891, no *Symbolisme en peinture*, Albert Aurier toma consciência da amplitude desta fratura, quando reconhece quanto o impressionismo pertencia inteiramente à tradição realista, que alguns consideravam por ele ultrapassada: "O impressionismo é, não pode ser senão uma variedade do realismo, um realismo afinado, espiritualizado, diletantizado, mas sempre o realismo". Não era outra a razão por que Zola permanecia tão coerente em sua defesa de Courbet *e* de Monet, quanto em sua condenação implícita de Gauguin ou na contestação de Cézanne, em *L'Oeuvre*, de 1886.

Ora, a questão das relações entre música e pensamento discursivo em Mahler desenha-se evidentemente de modo similar. Também ele descobre, em 1888, que não há mais lugar para a dimensão descritiva ou imitativa da música, e suas frustrantes tentativas de vir a público explicar as idéias que se plasmam em suas sinfonias não são senão a confissão desesperada de que aquilo que sua música "significa" não se deixa mais decodificar através dos mecanismos convencionais da música de programa. Mais tarde, em 1903, Fauré referir-se-á à música como um "ponto intraduzível", e Schoenberg, em um texto de pura devoção a Mahler, dirá que "meios realistas não serão jamais utilizados em música, e ainda menos em sinfonia, porque a música é irreal sempre". Mas já estamos então em outro terreno, aquele em que vicejara o "Do Espritual na Arte" de Kandinski. Em 1888, com sua *Titã*, Mahler devia ainda viver o paroxismo e a crise do paradigma romântico, crise de que ele próprio foi talvez o maior responsável. E ele viverá, como artista, a questão que lhe foi dado viver em termos não tão distintos dos que Vladimir Jankélévitch formula na abertura de seu *La musique et l'ineffable*: "O que devemos indagar é justamente se a explicação destas contradições não deva ser buscada na obra impalpável do *charme* e na inocência de um ato poético que tem por única dimensão o Tempo".

Luiz Marques
Professor de História da Arte da Unicamp

1. A Questão do Significado na Música

> *Muitas pessoas acham estranho ou ridículo quando os músicos falam a respeito de idéias (temas) em suas composições e freqüentemente parece que eles possuem mais idéias em sua música do que a respeito dela. Porém, quem quer que tenha sensibilidade para a maravilhosa afinidade entre todas as artes e ciências ao menos não abordará a questão tão superficialmente, à luz do assim chamado ponto de vista natural, segundo o qual a música não deve ser nada além do que a linguagem do sentimento. Mas, pelo contrário, descobrirá que não é impossível que a música puramente instrumental tenha uma certa tendência à filosofia. A música puramente instrumental não deve, ela mesma, criar seu próprio texto? E os seus temas não são desenvolvidos, confirmados, variados e contrastados da mesma maneira que o objeto da meditação em uma série filosófica de idéias?*
> Friedrich Schlegel, *Athenaeum*[1]

CONTEUDISMO E FORMALISMO

Até meados do século XIX, além do plano expressivo, o conteúdo sentimental e evocativo da música constituía inquestionável ponto de

---

1. Citado em C. Rosen, *The Romantic Generation*.

partida para a criação sonora, destacando-se os compositores que, de uma ou outra forma, mostravam-se bem sucedidos no estabelecimento de uma comunicação emocional e intelectual com os ouvintes, sugerindo-lhes estados de espírito, idéias e descrições a partir do discurso musical, com ou sem a concorrência de um texto verbal subjacente (como no caso da ópera, do oratório, das cantatas etc.). Da mesma forma, a história da crítica e da análise musical repousavam sobre a busca da construção de um vocabulário metafórico. Também o crítico e o musicólogo, inseridos em um determinado meio cultural, dispuseram de um conjunto de expressões próprias para o comentário da obra de música, sendo portanto válido dizer que até aquele momento histórico a literatura (poesia e prosa) e a retórica[2] forneciam a maior parte dos elementos para a crítica de música. Metáforas e alegorias não eram poupadas na descrição de uma passagem musical, sendo a crítica, ela mesma, uma peça de literatura. A busca de equivalências semânticas não só era freqüente, mas constituía um dos pontos altos da análise, pois atestava a capacidade do escritor, fosse ele músico ou não, em compreender a linguagem musical, traduzindo em palavras um conteúdo supostamente "codificado" pelo compositor. Nas palavras de Carl Dahlhaus "a concepção de que o objetivo da música é representar e suscitar afetos constitui um *topos*, que penetrou tão profundamente na história como a tese oposta" – sobre a qual discorreremos a seguir – "de que a música é matemática ressoante"[3].

A introdução da abordagem formalista em música deu-se com a publicação da obra *O Belo Musical* (1854), escrita pelo filósofo e musicólogo austríaco Eduard Hanslick (1825-1904). Em um primeiro momento interpretada muito restritivamente, como se negasse totalmente a possibilidade da música em transmitir sentimentos, idéias ou situações, a teoria de Hanslick, na verdade, apenas deslocava o foco da discussão: do sentimento para a forma. Assim, segundo ele, corretamente interpretado, à música não é vedada a comunicação de sentimentos, mas estes últimos não são a sua essência que é pura forma. Hanslick entende a música como possuidora de "uma existência autônoma, regida por um sistema de combinatórias, definidas dentro da noção de forma"[4]. Antecipada em relação às demais artes, a visão formalista de Hanslick teve de esperar até as primeiras décadas do século XX para, de fato, tornar-se aceita e praticamente consensual entre os que se dispunham a escrever sobre música. Hanslick propôs

---

2. Entendida em sentido amplo, como teoria geral do discurso e suas possibilidades.
3. C. Dahlhaus, em *Estética Musical*.
4. Formulado está o paradoxo de Hanslick: "forma é o conteúdo da música". Segundo a interpretação de Dahlhaus (obra citada), esta tese "...foi, não sem razão, formulada como paradoxo, como um *quid pro quo* de conceitos contrários: *diz da forma que ela constitui o conteúdo, por conseguinte, o seu próprio contrário*" (grifo

que as análises e textos sobre música tivessem como objetivo e suporte a revelação estrutural da obra de arte musical, destacando, assim, sua dimensão gramatical, imediatamente reconhecível e sujeita a menor margem de subjetividade. A partir daquele momento, as metáforas e alegorias empregadas pelos autores românticos e pré-românticos tornaram-se "fora de moda" nos textos críticos e dissertativos, sendo substituídas pela análise estrutural das obras, apoiadas em um vocabulário migrante da arquitetura e das ciências exatas aplicadas[5]. Buscou-se, dessa forma, uma teorização estritamente baseada na fatura musical[6].

Na contracorrente do formalismo, vozes como a do musicólogo Deryck Cooke procuraram, no decorrer do século XX, retomar a questão do segundo grau ou nível de significado na música (dimensão semântica). Ao fundamentar suas convicções na linguagem musical, Cooke utilizou o próprio elemento de eleição dos formalistas. Em seus estudos, defende a existência de uma terminologia bem definida (vocabulário da música), engendradora de estruturas dotadas de "significado exato". Diversos outros pensadores da música, sejam eles musicólogos ou filósofos, vêm modernamente desenvolvendo estudos sobre os seus aspectos semânticos, destacando-se entre eles, o musicólogo Jacques Chailley, autor de reveladoras análises das *Paixões* de Bach, e Nicolas Ruwet, que defendeu uma abordagem francamente culturalista da música, baseada na necessidade de se situarem os fenômenos musicais no contexto cultural nos quais foram engendrados. Houve, ainda, pensadores ecléticos que fundiram aspectos da estética formalista com elementos conteudistas e pluridisciplinares, destacando-se aí Susanne Langer, que ambicionou lançar as bases para uma nova estética musical e da arte em geral. Os pressupostos de seu pensamento derivam de três fontes principais: o formalismo de Hanslick, o neopositivismo de Wittgenstein e Carnap e a filosofia das formas simbólicas de Cassirer. Langer afirma que a música apresenta uma "analogia formal" com o mundo emocional, sem ser expressão direta do sentimento, mas que não constitui uma linguagem por carecer de um vocabulário. Discrepando da fonte neopositivista na qual

---

nosso). Lembre-se que todo o trabalho de Hankslick tem como objetivo a delimitação do que seja estritamente musical.

5. Lembremos as palavras de Stravínski em *Chroniques de ma vie* (1935): "Considero a música, por sua própria natureza, essencialmente incapaz de *expressar* o que quer que seja, sentimentos, atitudes mentais, estados psicológicos, fenômenos da natureza etc. [...]. O fenômeno musical nos é dado com a única finalidade de estabelecer uma ordem nas coisas, inclusive e sobretudo na coordenação entre o *homem* e o *tempo*". Como afirma Paul Griffiths (*A Música Moderna*), cada uma das obras neoclássicas de Stravínski desmente essa sua tese.

6. Nesse sentido, o pensamento de Hanslick é nitidamente influenciado por Kant, como também ser, por exemplo, as investigações de Hans Kelsen na *Teoria Pura do Direito*, em busca do essencialmente jurídico.

muito bebeu, ela defende a idéia de que o mundo compreensível não se esgota no plano do discurso lógico e unívoco (cuja existência nega à música), estendendo-se a outras manifestações. A música (e as artes em geral) seria dotada de uma "forma significante", independentemente de qualquer sentido fixo ou literal, atingindo um plano *sui generis* de significação. A música, para ela, seria uma forma não discursiva, carregada de possibilidades lógicas de expressão.

Tanto o excessivo apego às "arquiteturas formalistas" quanto aos lugares comuns do descritismo musical acabaram, quase sempre, por situar ambas as posturas em campos meramente dogmáticos. No atual estágio da pesquisa musicológica, em um ambiente tanto pós-romântico quanto pós-formalista, parece oportuno retomar a pesquisa do significado na obra de arte musical que, aprendendo com o passado, poderá requalificar as análises de cunho descritivo, sentimental e alusivo, em face das valiosas ferramentas de análise resultantes de mais de um século de formalismo. Não se trata, evidentemente, de um esforço para recolocar as análises de conteúdo na "moda crítica", mas sim de retomar o nível da significação como indiscutivelmente fundamental para a compreensão das composições musicais.

A música de Gustav Mahler é um laboratório perfeito para essa retomada, não apenas por sua riqueza discursiva, mas também pelo momento histórico que propiciou o seu florescimento. E se não faltam boas análises que abordem aspectos técnicos ou mesmos estéticos de suas obras, o mesmo não se pode dizer a respeito de estudos que enfocam os elementos semânticos de suas propostas musicais. Talvez nenhum outro compositor tenha vivenciado com tamanha intensidade o dilema entre a música descritiva ou programática (que privilegia a dimensão semântica extramusical) e a chamada "música pura" (que privilegia a dimensão sintática, portanto gramatical). A peça vestibular de seu ciclo de sinfonias é, acima de tudo, um momento de escolha entre métodos de abordagem da criação musical. Saliente-se, uma escolha que Mahler jamais conseguiu concluir em termos categóricos e que constituiu sempre um dilema e um paradoxo para esse autor e sua obra. Entre o jogo puramente musical e o discurso alusivo, o compositor nunca fez uma escolha definitiva, servindo, entretanto e por isso mesmo, como referência e paradigma aos adeptos de uma ou outra posição estética. Esse discurso descritivo e simbólico, porém definitivamente inoculado com as idéias formalistas, é obra de ensaio para o presente estudo sobre a questão do significado na música. Da mesma forma que a *Sinfonia Titã* não fez clara opção por um ou outro modelo, sendo, portanto, um celeiro de questões e nunca uma resposta, também este ensaio não tem a pretensão de chegar a qualquer conclusão peremptória sobre o significado na obra de arte musical, mas sim levantar hipóteses e quiçá abrir novas veredas para a investigação semântica aplicada à música. Seguindo o roteiro de Mahler para a sua primeira sinfonia, deseja-se que o presente estudo parta da herança dogmática das diversas posições estético-musicais (*do inferno*) e chegue a uma proposta gestáltica de abordagem do fenômeno musical (*ao paraíso*) e que nossa *marcha fúnebre à maneira de Callot* seja o sepultamento de todo o preconceito quer formalista, quer conteudista.

LINGUAGEM VERBAL E LINGUAGEM MUSICAL

Assim como se verifica na linguagem, a música possui uma dimensão gramatical e uma dimensão semântica. Sem gramática (nela incluindo-se sintaxe e léxico) não pode haver um "discurso" internamente coerente. Por outro lado, a existência de um discurso coerente implica uma dimensão semântica, ainda que contextual e verificável apenas *a posteriori*, o que parece ser exatamente o caso do discurso musical. Em música, a dimensão tecno-formativa ("gramatical") possui um estatuto próprio, facilmente reconhecível e analisável, sendo muitas vezes considerada em absoluto, negando-se, ou simplesmente esquecendo-se, o conteúdo expressivo e a dimensão semântica. Esta última depende essencialmente do destinatário da mensagem musical: o ouvinte. Será a partir da escuta desse ouvinte, condicionada por suas informações prévias, cultura e subjetividade, que a dimensão semântica emergirá (ou não), enquanto que a dimensão formativa (gramatical) independe de sua intervenção ou reconhecimento, encontrando-se mesmo em um estado ainda anterior à própria execução musical. Assim, o problema do significado (semanticidade) na música será sempre um problema de "escuta musical" e a existência de um discurso sonoro não-significante torna-se tanto uma impossibilidade lógica (uma vez que a não-significação já é uma proposta) quanto prática (pois não existe uma escuta pura, meramente formal e livre de referências e associações, ainda que meramente mnemônicas). É facilmente demonstrável que praticamente não há manifestações musicais sem conseqüente efeito sentimental e quanto aos poucos casos-limite que intencionalmente suscitam uma impressão de vazio e não-significação, estes também são, evidentemente, sentimentos, com conseqüente impacto no intelecto e na sensibilidade do ouvinte.

Mesmo em relação aos elementos formativos do discurso musical, o debate é mais acalorado e menos consensual do que o relativo à linguagem verbal. Entende-se, de maneira geral, que toda linguagem pressupõe uma gramática, composta, entre outros elementos, por sintaxe e vocabulário. Não há qualquer dificuldade de imediato reconhecimento do primeiro elemento (sintaxe) no discurso musical. Entretanto, quando falamos em léxico, as nuvens começam a se insinuar no horizonte da discussão. Musicólogos como o britânico Deryck Cooke e o francês Jacques Chailley procuraram sistematizar o que seria o léxico da música, aplicando, para tanto, o método histórico. Partiram do princípio de que, assim como as palavras e expressões verbais, são convenções arbitrárias firmadas pelo uso e pelos costumes, também as estruturas musicais foram adquirindo significado constante por meio do uso reiterado, respeitadas, evidentemente, algumas características "naturais" (como, por exemplo, os movimentos ascendentes e descendentes das seqüências de sons, a dinâmica forte ou suave, a maior ou menor concentração de sons em um acorde etc.), que, por si, teriam um significado intrínseco. Ambos os pensadores, cada qual apoiando as pesquisas em suas preferências musicais – Mahler, no caso de Cooke, e Bach, no de Chailley – chegaram a um quadro de estruturas significantes que entenderam ser uma espécie de léxico da música. Assim como no caso da linguagem verbal, mas em nível ainda mais acentuado, não há uma só estrutura ou célula musical com sentido único e inequívoco, mas mesmo a polissemia das estruturas musicais permitiria a identificação das idéias, sentimentos e *topoi*. Em sentido oposto ao que afirmaram Cooke e Chailley, Susanne Langer negou à música (e a todas as artes) a posse de um léxico, afirmando que, em sentido lógico, a música não conta com as características próprias da linguagem. Afirma ela:

> Chamar os tons de uma escala de suas "palavras", a harmonia sua "gramática", o desenvolvimento temático sua "sintaxe", é uma alegoria inútil, pois os tons carecem da própria coisa que distingue uma palavra de um mero vocabulário: conotação fixa ou "significado lexical"[7].

Porém, em derradeira defesa do significado na obra de arte, Langer afirma, em *Filosofia em Nova Chave*, que "os limites da linguagem" [em sentido estrito] não são os limites extremos da experiência; coisas inacessíveis à linguagem podem ter seus próprios símbolos".

Entendemos, entretanto, como pacífica, a existência de uma gramática musical e reconhecemos a dificuldade, senão, como afirmou Adorno, a impossibilidade de falarmos de um léxico musical fixo e inequívoco. Compreendemos, porém, que a semanticidade da música vincula-se muito mais à sua gramática do que a um improvável léxico. Sabe-se, a partir das pesquisas da moderna semântica gerativa (ou generativa), que a própria sintaxe carrega consigo uma dimensão semântica inerente e indissociável[8]. Dessa forma, ao falarmos em um

---

7. S. Langer, *Filosofia em Nova Chave*.
8. Nas palavras de George Lakoff: "Em essência, a posição da semântica gerativa é a de que sintaxe e semântica não podem ser separadas e de que o papel das transformações e das restrições derivativas em geral é o de relacionar as representações e estruturas de superfície. Assim como no caso da gramática gerativa, o termo 'gerativa' deve ser entendido como 'completa e precisa'". Em Steinberg & Jakobovits: *Semantics, an Interdisciplinary Reader in Philosophy, Linguistics and Psychology* (tradução minha).

discurso musical falamos em um discurso coerente que implica uma dimensão semântica, tanto própria, quer dizer, relativa tão-somente ao universo da música, quanto derivada, ou seja, implicando correlações com os demais setores do mundo da cultura. A dimensão semântica derivada, entretanto, estará sempre sujeita a uma verificação *a posteriori*, verificação esta cuja realização ou não em nada interfere, positiva ou negativamente, no reconhecimento da significação própria. Trata-se, apenas, de níveis de interpretação do discurso musical, mais ou menos rica, mais ou menos completa. A obra de Mahler possibilita o estudo de ambas as dimensões de significação e mesmo quando o compositor deixou de facilitar o reconhecimento da segunda, ela continuou existindo e fazendo-se "sentir", como que à espera de um momento futuro mais favorável à sua dissecação.

2. A Obra de Mahler no Contexto da Discussão Estética

> *A música não está nas notas, mas além delas.*
> Gustav Mahler[1]

A POSIÇÃO DE SUA OBRA NA HISTÓRIA DA MÚSICA OCIDENTAL

Historicamente emparedada entre a primeira e a segunda escolas de Viena, momentos de apogeu de poéticas apolínio-formais, a obra de Gustav Mahler testemunha o embate entre a criação diretamente inspirada por fontes e referências extramusicais (como idéias filosóficas, argumentos literários, influências visuais e referências biográficas) e a pretensão, quiçá ingênua, da chamada "música pura" (ou "absoluta") que, descontado seu aspecto inatingível (tanto no plano lógico quanto prático), enquanto categoria absoluta, pretende-se mero discurso de sons. Homem de ampla cultura humanística, curiosidade natural e agitado mundo interior, o compositor fez de sua obra sinfônica um universo em que abundam referências de variadas esferas da cultura, expressas em códigos musicais em um verdadeiro mosaico de referências e citações, quer considerada em si própria ou em relação à história da música. O dilema de remeter o leitor às fontes primordiais de suas

---

1. Citado em I. Macdonald, *The New Shostakovich*.

idéias ou deixá-lo livre, para uma audição não influenciada por explicações e roteiros pré-definidos, marcou as estréias de suas sinfonias e ilustra bem a ambigüidade de sua posição como músico e esteta. Notas de programa minuciosamente preparadas pelo autor foram excluídas às vésperas das apresentações. Sua recusa em ser um compositor de música descritiva e programática, como o contemporâneo Richard Strauss[2], fê-lo, por vezes, mover-se no sentido oposto, omitindo, talvez, alguns dos mais ricos elementos de sua criação. Ainda que sem o conhecimento dos textos explicativos do compositor, não é possível ouvir o discurso musical mahleriano como seqüências de raciocínios puramente musicais, abordagem que tem melhor chance de sucesso no caso de um Reinecke ou de um Reger. À medida que o conhecimento sobre o compositor é ampliado, tanto em seus aspectos biográficos quanto musicológicos, aumenta também o alcance da escuta e o universo de referências encontráveis em sua obra, reconhecendo-se uma miríade de citações, paródias, efeitos descritivos e "metáforas".

Já a obra inaugural de seu ciclo sinfônico vem carregada de variadas citações musicais, de obras próprias anteriores e de peças de outros compositores, bem como de referências filosóficas (o conceito do herói em face da natureza, a ironia das vítimas que enterram o seu algoz, o embate maniqueísta etc.) e de outras artes (como o desenho de Moritz von Schwind)[3]. Chega mesmo a introduzir elementos expressivos e significantes nunca antes utilizados em música, como a "amarga ironia" do terceiro movimento (quarto, na versão primitiva da obra). Note-se, aqui, que suas referências e paródias muitas vezes apóiam-se essencialmente em elementos musicais, tratando a herança musical herdada com uma liberdade e senso crítico até então desconhecidos.

---

2. Como atesta a correspondência trocada entre ambos, as relações de Mahler e Strauss foram sempre um tanto ambíguas, estendendo-se no plano da admiração protocolar e do pragmatismo inerente à posição de destaque que os dois músicos ocupavam no mundo da música no final do séc. XIX e começo do XX.

3. O "enterro do caçador", temática irônica que serve de base ao atual terceiro movimento, foi inspirado em um desenho de Moritz von Schwind (amigo de Franz Schubert). O subtítulo do movimento, *Marcha Fúnebre à Maneira de Callot*, remete ao livro de E.T.A. Hoffmann, *Fantasias à Maneira de Callot*, a partir de sugestão de Ferdinand Pfohl, amigo do compositor. Muita confusão tem sido gerada em relação a essas referências pictórica e literária, respectivamente. Chegou-se com freqüência a escrever que Mahler se enganou quando "atribuiu a Callot uma gravura de Schwind". O movimento é inspirado em uma litogravura muito conhecida de Schwind e o seu subtítulo remete à obra literária de E.T.A. Hoffmann, que por sua vez faz referência à imaginação fértil e fantasiosa do pintor e gravador Jacques Callot (1592/3-1635) no título de seu livro, dedicando-lhe, também, o primeiro conto da obra.

MATÉRIA-PRIMA E MODERNIDADE EM MAHLER

A matéria-prima do discurso musical mahleriano é o universo tonal ou diatônico. Mesmo considerando-se os alargamentos tonais proporcionados por sua música e a fácil identificação de nichos de atonalidade livre – como, por exemplo, nas sinfonias de números 9 e 10 – sua linguagem é verdadeiramente tonal, conseqüência direta e orgulhosa da tradição musical germânica. Sua "modernidade", entretanto, é inegável, em virtude de alguns elementos.

Em primeiro lugar, o uso que o compositor fez da tonalidade não foi, de forma alguma, ingênuo ou inocente[4]. Sua extrema sensibilidade tonal, que resulta em momentos de tremenda intensidade e sobrecarga de sentido, já foi chamada de "psiquismo tonal", descrito por Philip Barford como "grande soma de sentido, significado e pressão emocional"[5]. O uso da matéria tonal por Mahler não pode, de forma alguma, ser comparado ao de contemporâneos como Sibelius, Elgar ou mesmo Richard Strauss. Sua utilização, aparentemente convencional, possui uma dimensão susceptível por vezes de ser interpretada como ironia em relação aos padrões formais estabelecidos, sem, entretanto, tentar destruí-los, como buscariam fazer os compositores da Segunda Escola de Viena. Na maior parte do tempo, busca trabalhar com materiais e estruturas nos quais as intenções e referências (líricas, dramáticas, cômicas etc.), derivadas de convenções acumuladas e sedimentadas no decorrer da história da música – ou seja, falamos aqui de estruturas culturalmente herdadas –, que estavam há muito tempo bem fixadas. Isso decorre, possivelmente, de sua necessidade de separar o conteúdo musical propriamente dito da estrutura formal, dicotomia que se impôs em face da impossibilidade de se desligar da tradição romântica e da necessidade de se afirmar como compositor moderno. Modernidade, em sua época, era sinônimo de adesão às idéias formalistas; basta rememorarmos o quão decisivo viria a ser o apoio dado por Brahms e Hanslick, respectivamente o compositor e o teórico máximos da estética formalista, nas últimas décadas do século XIX, para que Mahler fosse indicado a assumir o mais prestigioso cargo de regente em sua época – o da Ópera de Viena – para mensurarmos a importância de se filiar à "ideologia moderna" de então.

Em segundo lugar, a sua forma particular de rejeitar parcialmente o ideal formalista de um discurso musical puro, livre de toda e qualquer intenção ou referência subjetiva, mostrou-se capaz de ao mesmo tempo aproveitar as conquistas trazidas pelo formalismo, com vistas ao caráter mais autônomo do discurso sonoro e ao aprimoramento de suas formas (especialmente a forma-sonata utilizada em suas sinfo-

---

4. T. W. Adorno, *Mahler: a Musical Physiognomy*.
5. P. Barford. *Mahler: Sinfonias e Canções*.

nias), e relativizar a natureza da descrição da pintura musical. Uma alusão literária dentro da música é, em Mahler, primeira e ultimamente música, apesar das fontes de inspiração e das possíveis referências de texto ou programa. Concilia-se assim, ao menos provisoriamente, dentro de seu discurso, a proposta de criação da música-música, mantendo-se, ao mesmo tempo, a conexão com a totalidade do mundo da cultura. Auto-sustentável sem a obrigatória remissão a um programa, texto literário, paisagem natural ou obra de arte visual, firma-se facilmente entre os formalistas, pois, afinal, encontram-se estes diante de um sinfonista nato que edificava um ciclo tão ambicioso quanto os de Schubert, Bruckner e mesmo Beethoven. Por outro lado, a totalidade da obra de Mahler oferece todo um universo de referências e ampliações para os que estão dispostos e aptos a identificá-las. Essa é a fórmula que garante tanto a aceitação em seu próprio tempo, fazendo-o respeitável ao juízo de um Eduard Hanslick, quanto à crítica posterior de um Theodor Adorno, ferrenho opositor do projeto da construção de um discurso musical totalmente puro e não intencional do ponto de vista da significação extramusical, por ele considerada uma tarefa fútil, patológica e fadada ao insucesso. A música de Gustav Mahler corresponde, pois, ao ideal adorniano, ou seja, à obra de arte que preserva integralmente os dois elementos opostos da dialética: a intencionalidade dos elementos e a obra de arte como um todo não intencional. Em outras palavras, Adorno defende a idéia de uma música que reconcilie as tendências opostas (dialéticas), representadas pela significação musical herdada do material tonal e pelas estruturas linguístico-musicais que resultam da radical desqualificação de tal material[6].

Por último, mas não menos importante, temos o uso da ironia como elemento de modernidade em Mahler, não sendo necessário dizer que o compositor excedeu qualquer outro, anterior ou posterior, nesse aspecto. Ainda segundo Adorno, a crise da modernidade vem associada à retirada do elemento subjetivo como centro espiritual das formas musicais, que cessaram de expressá-lo e com as quais o indivíduo não mais se identifica. Entretanto, tais convenções e formas, agora "vazias", não cessam de trazer algum significado, uma vez que a subjetividade do discurso musical do passado encontra-se, de alguma forma, impregnado e petrificado nelas, tal qual fósseis que podem ser redes-

---

6. Lembre-se que Adorno, antecipando-se em muito ao conciliatório entendimento pós-moderno referente ao significado na música, tanto desqualificou a noção de que este possa ser absoluto – caso em que a música deixaria de ser música e se transformaria, canhestramente, em linguagem verbal – quanto a noção hanslickiana da música sem qualquer significação extramusical, que pressupõe a mera coerência fenomenológica dos sons. A mediação dialética dos dois universos – a linguagem musical significativa em seus elementos subjacentes e a não-intencionalidade da obra como um todo – constituem o seu ideal de obra de arte musical. (apud, Robert W. Witkin, *Adorno on Music*).

cobertos e reabilitados em momento futuro. O que então passa a importar para o filósofo da escola de Frankfurt é o uso que o compositor moderno virá a fazer dessas formas tão prenhes de significações incrustadas, ainda que em estado semilatente. Segundo ele, ao estabelecer uma não-identidade ou distanciamento em relação a essas formas, o compositor adentra no universo da ironia, cuja prática se torna elemento central da arte moderna. É justamente a capacidade de fazer uso máximo desse recurso que Adorno considerou-o a fonte de poder expressivo em Beethoven e em Mahler. O uso que ambos fazem da linguagem tonal é absolutamente consciente das inúmeras camadas de significação nela depositadas. E esse uso não é, de forma alguma, não-intencional ou inocente[7]. Afirma Adorno que a separação consciente que ambos fazem entre a música e a sua linguagem atesta a antinomia entre o individual e o social[8].

O uso expressivo da tonalidade, a conciliação possível, ainda que paradoxal e efêmera, da música descritiva e da música pretensamente pura e o elemento irônico, em suas formas mais expressivas e inusitadas como a "amarga ironia", fazem da música de Mahler uma música moderna. O desenvolvimento da Segunda Escola de Viena deveu-se, indubitavelmente, mais a ele do que a qualquer outra fonte, pois a idéia schoenberguiana, de garantir a supremacia da música germânica, devia partir necessariamente daquilo que fosse, ao mesmo tempo, a preservação e a vanguarda do germanismo sonoro, e Mahler era esse ponto de interseção. Os dois discípulos de Schoenberg, entretanto, tomariam caminhos diferentes; enquanto Alban Berg manter-se-ia fiel ao ideal mahleriano de expressividade e transculturalidade, aplicando-o à atonalidade de forma a corresponder ao ideal adorniano da atonalidade livre, que daria origem à genuína *musique informelle*, na qual a dialética da intencionalidade das partes e da não-intencionalidade do todo seria realizada; Anton Webern mergulhou na forma em detrimento do conteúdo, abrindo o caminho para o serialismo integral, momento máximo da busca da não-significação do discurso musical, degenerado equívoco no entender do mestre de Frankfurt.

Não nos cabe especular sobre como seria a continuidade da obra de Mahler se a sua vida tivesse se estendido, tendo-lhe sido possível viver o mesmo número de anos que viveu, por exemplo, um Richard Strauss, até aproximadamente meados do século XX. Mas a respeitosa incompreensão de Mahler em relação às idéias de Schoenberg não dis-

---

7. Apud R. W. Witkin, op. cit.
8. Para provar sua afirmativa, Adorno analisa o uso da relação maior/menor no texto musical mahleriano, concluindo que, em Mahler, o modo maior representa o geral ou coletivo, enquanto o menor representa o individual ou particular, enquanto desvio do maior, ou seja, aquilo que se define como não-integrado, não-assimilado e, portanto, ainda não estabelecido (apud, R. W. Witkin, op. cit.).

farçava uma simpatia subjacente e um apoio ao novo projeto. Note-se que o compositor faleceu poucos anos após a composição da primeira obra verdadeiramente atonal de seu jovem admirador, depois de ter ele próprio escrito passagens em suas últimas sinfonias, as quais somente a obstinação, e muito boa vontade dos analistas, pode classificar como tonais.

3. Sinfonia Romântica, Romântico-tardia e Moderna. A Sinfonia de Gustav Mahler

> *Cada sinfonia de Mahler é uma pergunta de como, das ruínas do mundo objetivo, uma totalidade viva pode levantar. Sua música não é grande por meramente transcender o kitsch do qual é extraída, mas sim porque sua construção desarticula a linguagem do kitsch e liberta do desejo que é meramente explorado pelo comércio a serviço do qual o kitsch está. O desenvolvimento dos movimentos sinfônicos de Mahler esboçam salvação por meio da desumanização.*
> Theodor W. Adorno[1]

Ao iniciarmos uma investigação sobre o ciclo sinfônico de Mahler como um todo, devemos, necessariamente, retroceder na busca de suas origens poéticas e formativas. Na primorosa síntese de Deryck Cooke, o espírito romântico associava-se, precipuamente, à "libertação do confinado espírito do homem, à época da Revolução Francesa, após séculos de tirânica restrição à liberdade de pensamento, sentimento e ação"[2]. Porém, o romântico não tardou em perceber que essa grandeza e dignidade do novo homem sofre a restrição de sua fraqueza intrínseca.

---

1. T. W. Adorno, *Mahler: a Musical Physiognomy*.
2. D. Cooke. *Gustav Mahler: an Introduction to His Music*.

A busca de uma dignidade suprema, em oposição à fragilidade e falibilidade humanas, tornou-se o tema *par excellence* da música do período romântico (e, portanto, de sua sinfonia), da qual Mahler foi um dos principais herdeiros e continuadores. Ao escolher a sinfonia como seu principal meio de expressão, o compositor escolheu conjuntamente partir do modelo programático beethoveniano, desenvolvido por Berlioz e Liszt, enriquecendo-o com as reformas wagnerianas no plano da expressividade e dramaticidade[3]. Enquanto Wagner incorporou as conquistas beethovenianas de expressividade e descritismo (externo e objetivo, como na *Sinfonia n. 6* ou interno e subjetivo como na *Sinfonia n. 3, Heróica,* e *Sinfonia n. 5*) ao drama musical cantado, Mahler absorveu as transformações wagnerianas reincorporando-as à sinfonia. Nas palavras do próprio Mahler: "Wagner se apropriou dos meios de expressão da música sinfônica e agora, da mesma maneira, o compositor sinfônico se beneficiará do poder expressivo que a música ganhou por meio das realizações de Wagner"[4]. Também de Wagner – e quase sempre por meio da aplicação sinfônica que Bruckner fez dos princípios wagnerianos de composição – Mahler herdou a expansão da forma e o uso psicológico da tonalidade, cujas origens remontam à teoria dos afetos, utilizada ainda no período barroco, que se beneficiava dos substratos afetivos das diversas tonalidades e foi particularmente valorizada no classicismo por Beethoven, já dentro de um sistema temperado de afinação[5]. Assim, Mahler dotou suas sinfonias

---

3. Lembre-se da assertiva de Cooke, segundo a qual as sinfonias de Beethoven constituem uma ponte entre as poéticas clássica e romântica, propondo modelos sublimes tanto de música pura (ns. 1,2,4,7 e 8) quanto de música com base programática, tanto implícita (ns. 3 e 5) quanto explícita (ns. 6 e 9).

4. D. Cooke, op. cit..

5. A música moderna relativiza a questão das tonalidades à mera relação de altura. Isso se deve ao sistema de afinação predominante modernamente. As mudanças de є*thos* ficam, então, restritas às mudanças de modo maior/menor, sendo, *grosso modo*, o primeiro usualmente associado à alegria e o segundo à tristeza. Quando um compositor moderno, não adepto ao serialismo, pretende maior variedade de estados de espírito inerentes às disposições dos tons e semitons, recorre, então, aos antigos modos eclesiásticos (dórico, frígio, lídio, mixolídio etc.). Porém, na música antiga havia outras práticas de afinação para os instrumentos de teclado. No século XVII, predominava a afinação de notas individuais, o que resultava em intervalos exatos de terça maior. Como conseqüência, as tonalidades com poucos acidentes tornavam-se extremamente puras, enquanto que as com muitos acidentes, praticamente inexeqüíveis. No século XVIII, o chamado *bom temperamento* (vide o *Cravo Bem Temperado* de J. S. Bach), começa a ganhar adeptos. Esse novo sistema de afinação foi desenvolvido por músicos como Werkmeister, Rameau e Kinberger e permaneceram em uso corrente até o início do século XIX. Nesse sistema, quatro quintas eram afinadas (temperadas), porém ligeiramente reduzidas, enquanto as demais eram perfeitamente afinadas (sem qualquer redução). Como conseqüência, todas as tonalidades podiam ser empregadas, e os intervalos de segunda e terça (e suas inversões) tornavam-se ligeiramente diferentes em tonalidades distintas, resultando em uma personalidade diferente em cada tonalidade.

de dimensões inusitadas, fazendo uso de uma forma-sonata prolixa e *sui generis* que não se contenta com os tradicionais dois temas contrastantes, expandido-os (em processo semelhante ao que viria a ser adotado pelo dinamarquês Carl Nielsen) e acrescendo-os de outros, quer na própria exposição (forma-sonata com exposição dupla ou complexa) ou mesmo no desenvolvimento (como fizera Schumann em sua *Sinfonia n. 4*, que trabalha com apenas um tema na exposição do primeiro movimento, introduzindo o tema de contraste no decorrer

As diferenças entre os intervalos e acordes eram suficientemente significativas, a ponto de permitir que determinados sentimentos e expressões fossem associados a certas tonalidades. Embora não tenha havido uniformidade de opiniões, quanto a quais sentimentos correspondiam a quais tonalidades, era inegável o reconhecimento da individualidade das tonalidades que, diferentemente do que ocorre na afinação temperada, não podiam ser livremente intercambiáveis (e.g. livre transposição de uma peça, de uma tonalidade para outra, para maior comodidade dos intérpretes). Três compositores – Marc-Antoine Charpentier, J. Mattheson e C. F. D. Schubart – elaboraram uma *tabela de tonalidades e suas respectivas características*. Muitas são as semelhanças entre os três trabalhos, mas também há pontos bastante divergentes. Embora Mattheson tenha sido muito ligado a Händel, o conteúdo da tabela elaborada por Schubart (1739-1791) parece ser mais próximo daquilo que Haendel deve ter entendido e praticado quanto à associação das tonalidades a determinados sentimentos e expressões. Schubart chega a descrever ré maior como *tonalidade de aleluia*, triunfo. Impossível não relacionar tal descrição com a escolha de Händel do ré maior para o coral Halleluja no oratório "O Messias". Abaixo, a tabela de Schubart: *Dó maior*: inocente, ingênua, infantil (características normalmente associadas à vida no campo) / *Dó menor*: confissão de amor, queixa do amor impossível, agonia, desejo / *Dó sustenido menor*: diálogo com Deus. Expressão de insatisfação na amizade ou no amor / *Ré bemol maior*: dubiedade, capacidade de sorrir, mas não de rir; capaz de choramingar, mas não de cair em prantos / *Ré maior*: triunfo, alegria, grito de batalha / *Ré menor*: solene e séria / *Mi bemol maior*: triste diálogo do homem com Deus, os três bemóis da armadura de clave referem-se à Santíssima Trindade / *Mi bemol menor*: os mais profundos sentimentos de angústia da alma. Tonalidade dos fantasmas / *Mi maior*: poderosa alegria, máxima satisfação, felicidade risonha / *Mi menor*: ingenuidade. Confissão do amor feminino, mais suspiros do que lágrimas. Comparável a uma menina em um vestido branco, ornado com uma fita cor-de-rosa presa na altura do busto. O coração e o ouvido rejubilam de alegria ao retornar-se de Mi menor para Dó maior / *Fá maior*: paz e cortesia / *Fá menor*: profunda tristeza, queixas do corpo, ânsia pelo repouso final no túmulo / *Fá sustenido maior (ou sol bemol maior)*: vitória sobre as dificuldades, livre respirar no topo de uma montanha após a escalada / *Fá sustenido menor*: tristeza, insatisfação, irritação. Anseia pelo retorno à paz de Lá maior ou vitória de Ré maior / *Sol maior*: idílio no campo, écogla, verdadeira amizade e amor / *Sol menor*: insatisfação, sensação desagradável, destemperado, triste ranger de dentes, ressentimento, rancor / *Sol sustenido menor*: queixumes; luta problemática e árdua / *Lá bemol maior*: tonalidade funerária; morte, túmulo, decomposição, julgamento, eternidade / *Lá maior*: amor inocente, satisfação, esperança do encontro, alegria da juventude, confiança em Deus / *Lá menor*: sacra e efeminada / *Si bemol maior*: amor bem sucedido, boa consciência, esperança, perspectiva de um mundo melhor / *Si bemol menor*: desagradável, noturna, irada. Escárnio de Deus e do mundo, insatisfeita consigo e com todos. Preparação para o suicídio / *Si maior*: tremendamente colorida, ciumenta, furiosa, desesperada / *Si menor*: paciente, resignada espera pelo cumprimento do destino, submissão à vontade de Deus sem revolta ou queixa.

do desenvolvimento). Na comparação de Cooke, as sinfonias de Mahler estão para as de Beethoven, assim como a tetralogia *O Anel dos Nibelungos* de Wagner está para o *Don Giovanni* de Mozart[6].

Não custamos, pois, a concluir que a sinfonia de Gustav Mahler é descendente da sinfonia beethoveniana, de onde herdou a possibilidade do uso da voz humana (coros e solistas vocais, antes restritos ao universo da ópera, cantata e oratório), bem como a estruturação em número de movimentos superior a quatro, modelo seguido por românticos como Liszt e Berlioz (a *Sinfonia Fantástica* atuando como paradigma de sinfonia romântica programática), mas evitado por "neoclássicos" como Brahms, Reger e Reinecke. Partindo desse arcabouço conceptivo, Mahler escolheu seguir um percurso sinfônico claramente programático, oposto, portanto, ao seguido por Bruckner. Embora sua atitude fosse muitas vezes contraditória, tanto em relação à divulgação de notas de programa quanto à adoção do rótulo de compositor desse tipo de música, Mahler legou uma série de pistas hermenêuticas por meio de sua correspondência e de suas conversas com outros músicos (como Bruno Walter), amigos e familiares (especialmente com sua mulher), bem como em seus esboços. Nas palavras de Constantin Floros, esse conjunto de provas "documenta impressionantemente que toda a sua escrita sinfônica não pode, sob qualquer hipótese, ser classificada como *música absoluta*, mas deve ser entendida como música que expressa coisas pessoais, biográficas, literárias e filosóficas"[7]. Todavia, o sentido de música programática abraçado por Mahler é muito diferente do encontrado em um Richard Strauss. Enquanto Strauss preocupou-se com o caráter mais histórico e episódico, além do retrato sonoro de fenômenos naturais ou intervenções humanas (como, por exemplo, em *Don Quixote*, *Don Juan*, *Uma Vida de Herói*, *Sinfonia Alpina*, *Assim Falou Zaratustra*, *As Aventuras de Till Eulenspiegel*, *Sinfonia Doméstica* etc.), o descritismo de Mahler é descendente de Beethoven e vinculou-se à tradição da alegoria, neste caso entendida como a personificação musical de idéias e conceitos, em que o caráter programático independe da utilização ou não de um roteiro por parte do ouvinte. Tanto quanto a *Sinfonia Heróica* pôde prescindir de qualquer guia e, ainda assim, ser uma clara trajetória do herói, a *Sinfonia Titã* sustenta-se apenas com seu discurso musical, sendo, entretanto, sempre a descrição de uma saga.

A complexidade se impõe quando o assunto é música de programa, estabelecendo-se, em princípio, uma divisão entre a descrição de estados emocionais (angústias, questionamentos, dúvidas, perseverança etc.) e a descrição de realidades concretas (como, por exemplo, um céu nublado, um amanhecer ou uma tempestade). Mahler, assim como

---

6. D. Cooke, op. cit.
7. C. Floros, *Gustav Mahler: The Symphonies*.

Berlioz antes dele, acreditou que para o primeiro tipo não seria necessário dar ao ouvinte um roteiro para "acompanhar" a execução de uma sinfonia, revendo sua posição diversas vezes no decorrer da carreira de compositor e regente de suas próprias obras. Se, em um primeiro momento, desejou deixar os ouvintes livres e à mercê de seus próprios *insights*, reviu sua posição ao perceber que a maioria deles era capaz de poucos *insights* ou mesmo totalmente incapaz de qualquer um, conseqüência, talvez, de um mundo interior pobre e de pouca cultura musical e extramusical. Assim, decidiu-se fornecer notas de programa às platéias, mas novamente descartou essa prática ao perceber que os ouvintes (e agora leitores) tendiam a tomar as notas explicativas em sentido literal, ao invés de compreendê-las simbolicamente.

Trazendo ou não à luz os roteiros para a audição, rejeitando ou não o rótulo que aparentemente o igualaria ao amigo e rival Richard Strauss (em verdade nem tão amigo nem tão rival quanto a história da música tem tentado fazer crer), uma coisa nunca mudou: sua fé inabalável no poder de expressão e comunicação da música para a transmissão de idéias e estados de espírito. Por mais que tenha retirado e rasgado as extensas notas de programa, jamais retirou os títulos poéticos dos movimentos e títulos como "Primavera Sem Fim", "À Toda Vela", "O Enterro do Caçador: Marcha Fúnebre à Maneira de Callot" e "Do Inferno ao Paraíso", (todos da *Sinfonia n. 1*), ou ainda "O Que me Dizem as Flores da Campina", "O Que me Dizem os Animais", "O Que me Diz a Humanidade", "O Que me Dizem os Anjos" e "O Que me diz o Amor", (todos da *Sinfonia n. 3*) nada mais são do que sintéticos roteiros, que já podem prescindir de maiores esclarecimentos. Sua simples leitura por parte do ouvinte já predispõe a um tipo mais direcionado de escuta, um tipo que leva em consideração elementos em princípio alheios à pura matemática do discurso sonoro (se é que esta realmente pode existir). Dessa forma, não resta dúvidas de que a *Sinfonia Titã*, primeira e mais acessível do ciclo mahleriano, tanto do ponto de vista da execução quanto da escuta, pertence ao universo da sinfonia programática (beethoveniana na origem) e do poema sinfônico, como pretendeu inicialmente o compositor, filiando-se, portanto, à tradição conteudista da estética dos sentimentos. Contudo, sabe-se que o universo da sinfonia está indelevelmente ligado à tradição do classicismo e foi considerado, ao lado da sonata solo e do quarteto de cordas, como forma exemplar da chamada "música pura" (ou "absoluta"), baluarte do então prestigiado pensamento formalista. Lembremos que, pelo menos naquele momento histórico, a adequação (e adesão) a um ou outro universo poderia determinar a aceitação ou rejeição de uma obra. Mahler não deixou de viver esse conflito e, embora tivesse claro para si próprio quais as intenções de sua música, nem sempre as tornou públicas. Mas da mesma forma que não deixou de ser judeu por ter se submetido a um tardio batismo, com vistas a remover possíveis obstáculos à sua nomeação como diretor da Ópera de Viena, jamais deixou de fazer "música filosófica", embora pudesse chamá-la do contrário, para garantir-lhe a execução e a aceitação.

Nas décadas que se seguiram à morte do compositor, até então o maior divulgador de sua própria música, houve a reação anti-romântica, negação própria do início de cada nova orientação estética. Nessa perspectiva, a proposta romântica de expressar musicalmente idéias e conceitos extramusicais passou a ser considerada indigna de maior atenção e, em última análise, utópica. A "redescoberta" da música de Gustav Mahler, notadamente a partir da década de 1960, deveu-se a um conhecido conjunto de fatores, dentre eles: a maior facilidade de execução das obras, por força da diminuição de direitos autorais pagos aos herdeiros e editores em função do tempo decorrido desde seu falecimento; as novas técnicas de gravação que possibilitavam a repetição e, portanto, o estudo contínuo das peças; e sua utilização como trilha sonora de filmes, tais como o semibiográfico *Morte em Veneza* de Luchino Visconti (1971). Entretanto, um outro e decisivo fator encontrava-se subjacente ao *boom* das últimas décadas do século XX. Trata-se do esgotamento do pensamento formalista e a retomada da discussão semântica da música. Ao lado da explosão do movimento de interpretação histórica, encabeçado por nomes como Nikolaus Harnoncourt, Gustav Leonhardt, William Christie e Christopher Hogwood, despertou-se novamente o interesse pelo conteúdo do discurso musical e sua possível ligação com elementos extramusicais. A estética numérica, que vinha norteando a vanguarda musical, preocupada em entender o discurso sonoro como um fim em si, passou a ser substituída por uma busca de sentido que permitisse, entre outras coisas, uma leitura mais informada, e portanto mais "correta", da música do passado. Dentro desse panorama da busca de significado, a obra de Mahler mostra-se terreno fértil para toda a sorte de análise. E como não poderia deixar de ser, após um século de império formalista, as primeiras análises publicadas sobre suas sinfonias centraram-se em elementos técnico-estruturais (como forma, temas, ritmos, características estilísticas etc.), citando-se, evidentemente, as supostas intenções programáticas do compositor a título de ilustração histórica e curiosidade musicológica. É chegado o momento de lançar sobre elas um olhar semântico, compreendendo-as não apenas como universos paralelos e relacionáveis ao mundo poético e filosófico, mas dele indissociáveis, na mesma medida que letra e música em suas canções. Ao seguir esse caminho não se tem mais o temor, tão comum na maior parte do século passado, de se afastar da "música propriamente dita" para embrenhar-se no mundo da palavra e do pensamento filosófico, pois não se pode entender um sem o outro, lados complementares do universo da arte e da cultura.

4. A Ironia Romântica e a Ironia em Gustav Mahler

> *A Ironia é um "jogo sério", jogado na fronteira entre a tragédia e a comédia, entre risos e lágrimas.*
> Vladimir Jankélévitch[1]

Definir ironia é, por si só, uma tarefa bastante complexa, dada a distância entre as definições meramente lexicológicas e a enorme gama de conotações que o termo adquire quando aplicado aos diversos setores do pensamento. Tentar situá-la no universo musical, analisando sua comunicabilidade é, como se pode muito bem supor, sensivelmente mais difícil. Entretanto, o enfrentamento desse problema é essencial para a compreensão das sinfonias de Mahler, cujo portal de entrada é a *Sinfonia Titã*. Superando, ainda que ligeiramente, o sentido estrito do termo ironia – que, nos limites do senso comum, corresponde à afirmação do contrário do que se pensa ou pretende, mecanismo que conduz ao sarcasmo quando levado às últimas conseqüências – deve-se partir aqui, mesmo que em termos ainda rudimentares, da sua compreensão como "um procedimento utilizado para suportar uma situação difícil ou penosa" (real ou ideal), "por meio da renúncia e/ou da inversão de valores"[2].

---

1. Citado em, A. Castagnè et alii, *Gustav Mahler et l'Ironie dans la Culture Viennoise au Tournant du Siècle*.
2. P. Mitchell, "Ironies of Love and Death", idem, ibidem.

Os antecedentes do uso do elemento irônico na música estão associados à prática vocal, remontando aos *Mistérios* da Idade Média e evoluindo por meio da ópera barroca, das cantatas e paixões de Bach e culminando no operismo de Berlioz, Verdi e Wagner. No plano instrumental, encontramos a matriz irônica já em Mozart, com evolução certa em Beethoven, Schubert, Berlioz, Liszt, Schumann e Tchaikóvski[3]. Lembrando-se de que a gênese do sinfonismo mahleriano tem raízes no pensamento e na prática musical beethovenianos, devemos recuar brevemente para a transição entre os séculos XVIII e XIX para buscar os primeiros exemplos de ironia em sentido romântico. O conceito de ironia romântica, bem como essa terminologia específica, foi inicialmente cunhado por Friedrich Schlegel (1772-1829), contemporâneo de Beethoven. Embora a ironia verbal tenha perpassado a literatura alemã desde as práticas medievais dos *Minnesinger*, foi somente em finais do século XVIII que seu uso tornou-se extensivo, abrangendo desde as peças teatrais de Ludwig Tieck aos poemas de Heine e romances de Jean Paul Richter, este último um dos escritores favoritos de Mahler e autor do romance que (embora de forma muito menos direta do que se supõe em princípio) se relaciona com a primeira sinfonia. Em sua definição, Schlegel trata a ironia como uma infinidade negativa e uma sublime inversão que conduzem a uma nostalgia do infinito e do ideal[4]. Contrapondo-se, em grande medida, ao pensamento idealista, Schlegel e outros pensadores que se dedicaram ao problema da ironia, como Novalis e Karl Wilhelm Ferdinad Solger, "desceram" ao mundo real, comezinho e menos nobre, porém sempre em busca do ideal, do infinito e do sublime, como se apenas utilizassem outras ferramentas para a consecução do mesmo objetivo. Esses autores não dissociaram o procedimento irônico da individualidade e sua afirmação, empregando o vocábulo *willkür* como termo-chave para compreendê-la. Aparentada ao termo inglês *will*, a palavra alemã *willkür* introduz a noção de ato que carrega conotações de livre arbítrio, com possíveis excessos de arbitrariedade e capricho. Desse conceito inicial, Schlegel depreendeu que o ato criativo do artista não deve ser uma licença anárquica que permita tudo, mas apenas um caminho para a autodeterminação, pessoal e artística[5]. Em termos práticos musicais, Beethoven foi o primeiro a utilizar elementos irônicos em seu discurso, à luz da nova perspectiva determinada pelo filtro romântico. Embora Schoenberg tenha considerado a *Sinfonia Titã* como o primeiro exemplo de ironia musical[6], o uso desse recurso, mesmo que ainda

---

3. H. P. Lang, *The Creative World of Beethoven*.
4. Apud, idem, ibidem.
5. Apud, idem, ibidem.
6. H.L. La Grange, "L'Envers et l'Endroit: Ironie, Double-sens, Ambigüité dans la Musique de Mahler", em A. Castagnè et. alii., op. cit.

incipiente e esporádico, é encontrado já em Beethoven. Os exemplos são significativos, como a *Sonata para Piano, Opus 10 n. 2*, cuja reexposição se inicia na "tonalidade errada", ou a introdução do último movimento da *Sinfonia n. 1*. Também em Haydn e Mozart, para nos limitarmos a autores clássicos que se aproximaram do *turnabout* romântico, abundam elementos irônicos; Mozart preponderantemente nas óperas (e quanto à ópera, podemos facilmente retroceder até Monteverdi com célebres exemplos) e peças de câmara, enquanto que em Haydn as sinfonias são o melhor exemplo, bastando citar a de número 60 (*Il Distratto*). Porém, não se trata ainda de ironia em sentido romântico, pois esta última pressupõe uma franca oposição ao idealismo, embora ainda em constante busca do ideal. A dicotomia grandeza ideal/falibilidade humanas encontra em Beethoven seu primeiro poeta musical, e na ironia um potente instrumento de expressão.

Pioneirismo beethoveniano à parte, o uso extensivo da ironia romântica manifestou-se na literatura alemã quase um século antes que na música. Apoiando-se em formas menos idealistas de pensamento – mais realistas, portanto – as poéticas de Heine, Büchner, Mörick e Tieck antecedem, em muito, qualquer iniciativa musical que lhes possa ser comparável. Esta teve de esperar pela síntese de Mahler, assim como às artes visuais coube aguardar pelo *Jugendstill* (*Art Nouveau*) de Gustav Klimt e Adolf Heller[7]. Como afirmou Adorno[8], a música se manteve como o último refúgio idealista no século XIX.

A ironia de base romântica está indelevelmente associada à música de Gustav Mahler, tanto por seus defensores quanto por seus detratores[9]. Trata-se, mesmo, do centro de seu pensamento musical, ou pelo menos de seu elemento de eleição para a busca de uma verdade musical e filosófica. Nunca antes, ou depois, a ironia gozou de estatuto tão privilegiado na poética de um compositor ou se manifestou por meio de tantos procedimentos e expedientes, como também os resultados nunca foram alcançados com tamanha felicidade. Humor, sarcasmo, sátira e bufonaria, além, evidentemente, da *sui generis* "amarga ironia", são algumas faces da ironia mahleriana, comunicadas por meio de paródias, citações (próprias ou alheias), reminiscências, elementos de surpresa (quebras da linearidade do discurso musical), uso irônico da tonalidade (derivado de Beethoven, mas acrescido de nuanças psicológicas inéditas) e *objets trouvés* (como música militar, música de realejos, fanfarras etc.). A origem judaica em complemento e oposição

---

7. Y. Kobry, "Gustav Klimt/Gustav Mahler: l'oevre parallèle", idem, ibidem.
8. T. W. Adorno, *Mahler: a Musical Physiognomy*.
9. A. Leduc, "l'Esprit de l'Ironie dans la Première Symphonie de Gustav Mahler" em A. Castagnè et. alii., op. cit.

à inserção do compositor no universo cultural germânico moldou o estilo de sua peculiar poética irônica que se mostra em permanente consciência das contradições da natureza humana e dos dilemas do homem do final do século XIX. Nesse sentido, autores que se debruçaram sobre as implicações da origem judaica na obra do compositor, como por exemplo, Talia Pecker Berio, vêem no uso da ironia uma tentativa de dissimulação de significados não absorvíveis, ou ao menos não desejáveis, no universo cristão predominante no império austro-húngaro naquele momento histórico, bem como, *contrario sensu*, a assimilação e apropriação de elementos clássicos ou românticos, rurais ou urbanos, eruditos ou populares, valorizados pela cultura dominante. No primeiro caso temos a dissimulação de uma mensagem que passa a exigir do ouvinte uma decodificação e, no segundo caso, uma transformação dos elementos tradicionais em algo novo[10].

Mahler descobre na música um veículo privilegiado para a ironia, dada sua ambigüidade e polissemia naturais. A multiplicidade de elementos sonoros favorece o paradoxo (condição mesma do homem *fin-de-siècle*), a contradição (coragem necessária desse homem) e a surpresa (caráter imponderável da vida).

Em termos procedimentais, todos os recursos utilizados por Mahler para sua expressão irônica e para construir um segundo grau de significação do discurso musical (paródia, citação, alusão, uso de *objets trouvés* etc.) foram empregados sob quatro diferentes perspectivas. A primeira delas é a perspectiva formal, que reside na tensão heterofonia/polifonia. O recurso que Mahler chama de *heterofonia* é um procedimento que pressiona até o limite do audível a percepção da unidade da frase sonora, ameaça inscrita apenas potencialmente na *polifonia*, tão profundamente ancorada na tradição alemã. A segunda é a "perspectiva retórica", composta essencialmente pela metalinguagem musical. Música (do próprio Mahler ou não) dentro da música, em que temos a descrição do universo musical da Viena em finais do século XIX. Os *scherzi* das sinfonias, com a extensiva apropriação e comentário de valsas e ländler, são o melhor exemplo dessa prática, na qual se evidencia o distanciamento crítico do compositor em relação aos sons que compunham o cardápio musical vienense do período. A terceira perspectiva é a "perspectiva psicológica", na qual o uso da tonalidade e a escolha de citações engendram uma espécie de escudo protetor, composto por paródia e paradoxo, contra o crescente anti-semitismo. Exemplo primoroso desse nível de significação musical são algumas canções de *Das Knaben Wunderhorn,* nas quais a música exprime o contrário dos textos poéticos, revelando, dessa forma, o sentido oculto

---

10. T. B. Berio, "'Ailleur'. Gustav Mahler et l'Ironie de la Diaspora" em A. Castagnè et. alii., op. cit.

dos mesmos[11]. A última, e mais complexa, é a "perspectiva filosófica", na qual se evidencia o paradoxo romântico grandeza/impotência da condição humana e esboça-se uma resposta moderna ao problema.

Mahler surge, assim, como um autor que encarna e sintetiza o dilema idealismo/realismo, manifestando uma música que é ao mesmo tempo continuidade e ruptura com a tradição romântica. De forma diversa do que se verifica com os compositores românticos idealistas – cujo exemplo supremo é indubitavelmente Richard Wagner, autor que exige a submissão completa do ouvinte – a música de Mahler requer, ao mesmo tempo, uma adesão incondicional e um distanciamento que possibilitem uma lucidez crítica que conduza à correta recepção da mensagem. Enquanto Wagner obriga o ouvinte a participar de seu universo histórico, Mahler o convida para uma esfera psicológica e filosófica que não pode prescindir de uma escuta ativa[12]. Como afirmou Donald Mitchell, a compreensão do discurso mahleriano depende sensivelmente da memória do ouvinte, de sua capacidade de fazer retrospectivas mentais e de relacionar o trecho musical que está ouvindo em determinado momento com outros ouvidos anteriormente, seja na própria obra, seja em experiências musicais anteriores, produtos da pena de Mahler ou de outros compositores, bem como partes do arcabouço cultural e folclórico do mundo germânico[13].

A herança irônica de Mahler estende-se até o presente, influenciando compositores de diversas orientações estéticas. Entretanto, Dmitri Shostakovich foi, sem dúvida, o mais contemplado herdeiro desse patrimônio, fazendo extensivo uso do arsenal irônico estabelecido por Mahler, aplicando-o à sua realidade específica, na qual a codificação da mensagem era mais do que necessária como forma de sobrevivência no ambiente cultural socialista. Seus *scherzi*, que em princípio pareceram psicografias mahlerianas, evoluíram rumo à adaptação de uma ironia vienense *fin-de-siècle* para uma mais próxima ao universo do realismo socialista.

---

11. E. Nikkles, "Mahler and Nietzsche" em A. Castagnè et. alii., op. cit.
12. A. Leduc, op. cit.
13. D. Mitchell, *Gustav Mahler: the Early Years*.

Gustav Mahler, em foto de 1892.

5. Canções da Juventude: Canções de um Viajante

> *Palavras acompanhando
> sua música e não sua música
> acompanhando as palavras.*
>
> Guido Adler[1]

A importância que a canção ocupa em sua produção juvenil valeu a Mahler o apelido de Schubert, dado por seus colegas no Conservatório de Viena. Sua amizade com Hugo Wolf (1860-1903) talvez tenha tido essa forma de composição com um de seus lastros principais. Distintamente de Wolf, que jamais substituiu o *lied* como forma básica de expressão, Mahler alçou vôos mais ambiciosos, erguendo um dos mais notáveis ciclos de sinfonias de toda a história da música. Entretanto, jamais abandonou as canções, fossem *lieder* ou *gesänge*[2], e a influên-

---

1. Citado em T. W. Adorno, Guido Adler, musicólogo austríaco, amigo e defensor de Mahler, enfatiza o poder de comunicação da música deste compositor que, em seu entender, não se presta a fornecer um mero acompanhamento às palavras em suas canções ou sinfonias cantadas, mas, ao contrário, tem tal poder expressivo que as palavras é que lhe servem de ornato e complemento. Adler foi o primeiro biógrafo de Mahler, publicando Gustav Mahler no *Biographischen Jarbuch und Deutschen Nekrolog* em 1914, posteriormente editado em livro (Viena/Leipzig, 1916). É conhecida a sua influência decisiva na nomeação do compositor para a Real Ópera Húngara de Budapeste e também seu apoio na nomeação para a Ópera da Corte de Viena. Sua correspondência com Mahler encontra-se hoje na biblioteca da Universidade da Georgia (E.U.A.).

2. *Lied* (plural *lieder*): forma de canção para voz solista e acompanhamento instrumental originária da Alemanha no século XIII e que atingiu seu desenvolvimento

cia que estas exerceram sobre suas sinfonias é bem conhecida, a ponto de se denominar a *Sinfonia n. 1* de *Sinfonia do Viajante* (em referência ao ciclo de quatro canções *Lieder Eines Fahrenden Gesellen*) e as sinfonias de números 2, 3 e 4 como *Sinfonias Wunderhorn* (*Sinfonias da Trompa Mágica*), em alusão ao ciclo de canções *Des Knaben Wunderhorn* (*A Trompa Mágica do Menino*).

À época da composição de sua primeira sinfonia, Mahler já havia escrito numerosas canções esparsas, a maioria sobre poemas próprios e muitas delas por ele destruídas ou hoje em posse de colecionadores particulares, longe do alcance dos musicólogos. Além delas, compôs em 1880 a gigantesca cantata para soprano, contralto, tenor, coro e orquestra denominada *Das Klagende Lied* (*A Canção do Lamento*), e entre 1880 e 1887 um ciclo de cinco canções com piano hoje conhecidas como o primeiro volume de seus *Lieder und Gesänge*. Compôs, também, o ciclo de quatro canções chamadas *Lieder Eines Fahrenden Gesellen* (*Canções do Viajante*), originalmente para voz solista e piano entre 1883 e 1885, com textos do próprio Mahler, e orquestradas possivelmente em 1892-1893 e publicadas em 1897. Já em *Das Klagende Lied* nota-se, na análise de Cooke[3], o domínio do aparato orquestral pós-wagneriano e o extenso uso psicológico da tonalidade, em que o dó menor aparece associado ao trágico, fá maior ao clima pastoral (como nas sinfonias ns. 5 e 6 de Beethoven, respectivamente), o dó maior ao festivo e o lá menor à desolação final[4]. Dos cinco *Lieder und Gesänge Vol. I*, destaca-se *Hans und Grete*, um verdadeiro *ländler*[5] com letra do próprio Mahler, em que a verve folclórica e popular que acompanhará toda a sua produção já se faz presente, em contraposição à estética mais pretensiosa e cosmopolita de *Das Klagende Lied*. *Hans und Grete*, cujo primeiro título foi *Maitanz im Grümen*, fazia originalmente parte de um conjunto de cinco canções que o compositor dedicou à jovem por quem estava apaixonado: Josephine Poisl, filha do chefe dos Correios de Iglau. Trata-se da primeira de suas canções a ser utilizada em uma sinfonia posterior, pois seu tema é a base do *scherzo* da *Sinfonia n. 1*. Também o acompanhamento, como destaca Cooke, prenuncia as obras posteriores, em que aparecem pequenos motivos que tendem ao desenvolvimento[6].

---

formal moderno (A-B-A) com as obras de Franz Schubert. *Gesang* (plural *gesänge*), do alemão: qualquer forma genérica de canção, sem partes tão definidas quanto o *lied*. A aplicação dessas formas para voz solista e orquestra é contribuição mahleriana, seguida por compositores do século XX como Schoenberg, Berg e Britten.
    3. D. Cooke, *Gustav Mahler, an Introduction to His Music*.
    4. Idem, ibidem.
    5. *Ländler:* dança originária da Áustria, em compasso ternário lento, da qual a valsa provavelmente derivou.
    6. D. Cooke, op. cit.

Será, entretanto, a singeleza e expressividade dos *Lieder Eines Fahrenden Gesellen* o cerne da *Sinfonia n. 1*, tanto do ponto de vista das técnicas composicionais ali experimentadas como dos temas empregados. A instrumentação ampla, mas judiciosamente dosada com momentos verdadeiramente camerísticos, a franca presença de material folclórico e o uso psicológico da tonalidade estão presentes nesse importante ciclo, primeira obra de maturidade do compositor e marco no gênero canção para voz solista e orquestra[7]. A novidade ficou por conta de um outro mecanismo de composição, herdeiro da poética wagneriana e hoje indiscutivelmente associado a Mahler: a chamada tonalidade progressiva, potencializada para a definição dos diferentes *ethos* e ferramenta fundamental para as sinfonias desse compositor. Como entendeu Philip Barford, a expressividade wagneriana baseava-se na fusão da imagem tonal e da idéia, com um desenvolvimento de temas equivalente a uma exploração total do símbolo, imagem ou idéia, conseguido por meio de uma fusão de estrutura, colorido orquestral e harmonização[8]. Nesse sentido, essa jovem obra de Mahler já conquista, na modéstia de suas dimensões, o ideal wagneriano de composição. Como escreveu Deryck Cooke, "já vemos o conflito que seria trabalhado nas sinfonias: o amor pela natureza e pela vida, combatendo o vazio e o desespero"[9].

Como toda grande música de Mahler, as *Canções do Viajante* apresentam conteúdo autobiográfico, tendo sido compostas durante a paixão juvenil que acometeu o compositor pela cantora Johanna Richter, cujos olhos azuis são descritos com tanta doçura e dor na quarta canção: *Die zwei Blauen Augen von Meinem Schatz* (*Os Dois Olhos Azuis do Meu Amor*). Em uma tocante carta endereçada ao amigo Friedrich Löhr, com data de 1 de janeiro de 1885, o compositor descreve a noite da véspera (noite de Ano Novo) passada ao lado do objeto de sua paixão. A descrição que Mahler fez de Johanna leva a crer que a jovem também possuía uma personalidade bastante melancólica, característica que deve ter sido um poderoso atrativo para ele. A situação na qual o autor/personagem do ciclo se coloca é, em princípio, análoga ao do ciclo *Winterreise* (*Viagem de Inverno*) de Schubert, tema que viria a ser retomado por Vaughan Williams em *Songs of Travel* (*Canções de Viagem*). Em todos esses casos, um solitário viajante parte em busca do consolo da natureza após uma decepção amorosa. Se em Schubert temos uma longa jornada de inverno, em Mahler temos uma curta via-

---

7. Ao destacar-se o requintado efeito camerístico da orquestração de Mahler é oportuno lembrar que Arnold Schoenberg transcreveu a obra para a formação de barítono, flauta, clarinete, quarteto de cordas, piano e harmônico, estreando essa versão em 6 de fevereiro de 1920.
8. P. Barford, *Mahler, Sinfonias e Canções*.
9. D. Cooke, op. cit.

gem durante a primavera[10]. Como nota Michael Kennedy, a amarga ironia, característica indissociável do estilo de Mahler, já se faz presente nessa pequena obra-prima da canção com orquestra[11], somente comparável em termos de qualidade e importância ao ciclo *Les Nuits d'Été* (*As Noites de Verão*) de Berlioz, uma atormentada reflexão sobre a perda do amor ceifado pela morte. Embora em ambos os casos a primeira versão tenha sido para piano, nota-se em Mahler uma preocupação sinfônica desde o início[12]. A orquestração de 1892-1893 chegou a simplificar as fórmulas de compasso da primeira canção, tornando sua leitura (execução e regência) mais fluente, mas o caráter de conjunto já se faz sentir na partitura com piano.

Embora *Lieder Eines Fahrenden Gesellen* constitua a estrutura embrionária da *Sinfonia n. 1*, esta deve ser entendida como a síntese de todas as mencionadas canções de juventude, da ambiciosa *Das Klagende Lied* à despretensão de *Hans und Grete*. Será preciso conduzi-las ao máximo de sua expressividade, por meio de uma estrutura que possa a todas comportar (a sinfonia), para então abandoná-las em favor de um novo ciclo de canções, não mais com letras próprias, mas sim, resultantes de uma coletânea de canções e lendas populares alemães editadas por Achim von Armim e Clemens Bentrano entre 1808 e 1809, sob o título de *Des Knaben Wunderhorn* (*A Trompa Mágica do Menino*).

---

10. D. Cooke, op. cit.
11. M. Kennedy, *Mahler*.
12. Idem, ibidem.

Início da segunda canção do ciclo *A Canção do Viajante*.

Frontispício da sinfonia *Titã*, de Gustav Mahler.

6. A *Sinfonia n. 1, em Ré Maior (Titã)*: *Um Poema Sinfônico em Duas Partes: Dos Dias da Juventude e Comédia Humana*

> *Tornou-se tão avassaladora, que jorrou de mim como um rio montanhês!...durante cinco semanas não vi em minha frente nada além de minha mesa de trabalho!*
> Carta de Gustav Mahler a Fritz Löhr[1]

Vagamente relacionada com a obra literária *Titã* de Jean Paul Richter (Johann Paul Friedrich Richter, 1763-1825), a peça vestibular do ciclo sinfônico mahleriano surgiu como ponto de interseção (e interrogação) entre o mundo confessional e idealista do romantismo, pleno de referências programáticas e extramusicais, e o elemento embrionário da música moderna. A peça coloca-se, assim, entre o universo do poema sinfônico, como atestou o título inicial (*Um Poema Sinfônico em Duas Partes: Dos Dias de Juventude e Comédia Humana*) e o universo da sinfonia, forma de eleição do pensamento formalista então em crescente prestígio. As sucessivas mudanças do título da obra são sintomáticas dessa transição.

No entender de Deryck Cooke, a *Sinfonia n. 1* é "o início da biografia espiritual de Mahler"[2], sendo também desse eminente mahleriano

---

1. Citado em C. Floros, *Gustav Mahler: The Symphonies*.
2. D. Cooke, *Gustav Mahler, an Introduction to His Music*.

a afirmação de que mesmo indispondo-se com as notas de programa e chegando mesmo a rejeitá-las veementemente[3], Mahler sempre insistiu que "sua música era sobre alguma coisa". Sustentando suas afirmações, Cooke menciona um comentário do próprio compositor sobre as suas duas primeiras sinfonias. Nas palavras do próprio Mahler:

toda minha vida está contida nelas, nas quais registrei minha experiência e sofrimento. A qualquer pessoa que saiba como ouvi-las toda minha vida tornar-se-á clara, e, considerando que meu trabalho criativo e minha existência são tão proximamente relacionados, creio mesmo que se minha vida fluísse tão pacificamente como um riacho em uma campina eu não seria mais capaz de compor o que quer que fosse[4].

Também Bruno Walter entendeu a concepção desse poema sinfônico-sinfonia como um credo pessoal, afirmando ser a *Titã* o *Werther* de Mahler, posto que nela a vivência do homem Gustav Mahler desembocou em uma expressão artística[5].

Entre agosto de 1886 e maio de 1888, Mahler trabalhou como segundo regente no Teatro Municipal de Leipzig (Stadttheater), experiência profissional marcada pela conhecida rivalidade com Arthur Nikisch, o primeiro regente daquela casa. Contava, em sua bagagem de compositor, com diversas canções esparsas, com a ambiciosa cantata *Das Klagende Lied*, com o ciclo *Lieder eines fahrenden Gesellen* e com a música incidental para uma representação teatral de *Der Trumpeter von Säkkingen* (*O Trompetista de Säkkingen*), baseada na popular ópera de Victor Ernest Nessler. Na fase final de seu contrato em Leipzig, mais precisamente em 20 de janeiro de 1888, estreou a partitura de *Die drei Pintos* de Carl Maria von Weber, revista e completada por ele. Na platéia de uma das récitas encontrava-se Tchaikóvski, que ficou impressionado com a regência de Mahler, assistindo também a uma performance de *Don Giovanni*. Foi então, na primavera daquele mesmo ano, que pôde dedicar-se febrilmente à composição da *Titã*, segundo seu próprio testemunho consubstanciado em uma carta ao amigo Fritz Löhr, acima citada, bem como em conversas com a

---

3. A rejeição das notas de programa é vivamente ilustrada por Ludwig Schiedermair (citado em Kurt Blaukopf, *Mahler, A Documentary Study*). Estando Schiedermair e alguns artistas e intelectuais reunidos com Mahler após um concerto, e tendo alguém trazido à tona o tema dos roteiros programáticos, este teria se inflamado e dito "Abaixo os programas, eles despertam falsas impressões. Deixem as pessoas do público com seus próprios pensamentos a respeito das obras que escutarão e não as force a ler enquanto escutam, enchendo suas mentes com idéias preconcebidas! Se o próprio compositor despertou na audiência os sentimentos que o arrebataram, atingiu, então, os seus objetivos. A linguagem da música terá se aproximado das palavras, mas terá comunicado muito mais do que as palavras podem expressar". Após ter dito isso, tomou um copo e propôs um brinde dizendo: "Morte aos Programas!".

4. D. Cooke, op. cit.

5. B. Walter, *Gustav Mahler*.

amiga Natalie Bauer-Lechner[6]. Mesmo com essas evidências, a data de composição da sinfonia permanece objeto de controvérsia, sendo que alguns autores e fontes sérias fazem referência a um possível esboço de 1884 ou 1885, quando o compositor atuava em Kassel, sucedendo imediatamente, portanto, as quatro canções do *Lieder eines fahrenden Gesellen* (1883-1885)[7].

Após deixar o cargo em maio de 1888, o compositor-regente empreendeu esforços para estrear a obra em Leipzig. Entretanto, só pôde executá-la pela primeira vez em 20 de novembro do ano seguinte, em Budapeste, quando já era o diretor artístico da Real Ópera Húngara. O programa impresso não trazia roteiro programático, identificando a composição apenas como *Um Poema Sinfônico em Duas Partes, em Cinco Movimentos. Primeira Parte – I. Introdução e Allegro comodo, II. Andante, III. Scherzo. Segunda Parte – IV. A las pompes funèbre; attacca V. Molto appassionato.* Durante muito tempo prevaleceu o entendimento do biógrafo e entusiasta Paul Stefan de que a partitura original também não contivesse indicações programáticas. Porém, o manuscrito revisado em Hamburgo (1893), que veio à luz em 1959 e pertence hoje à Osborn Collection da biblioteca da Universidade Yale[8], revela já a existência das principais linhas programáticas, nos seguintes termos:

Sinfonia (Titã) em 5 Movimentos (2 partes) por Gustav Mahler. Primeira Parte (Dos Dias de Juventude): I. Primavera sem Fim, II. Blumine, III. A Todo Pano. Segunda Parte (Commedia Humana) – IV. Marcha Fúnebre à Maneira de Callot, V. Dall' Inferno al Paradiso.

Acrescente-se a isso a publicação, em um jornal de Budapeste, na véspera da estréia, de um sucinto programa cujo provável autor é o próprio Mahler. Nele, os então cinco movimentos foram identificados como:

6. C. Floros, op. cit.
7. C. Floros, op. cit. e M. Steinberg, *The Symphony.*
8. Mahler presenteou Jenny Feld (posteriormente Perrin) com o manuscrito da *Sinfonia Titã.* Jenny era natural de Budapeste e, em 1878, aos doze anos de idade, foi enviada a Viena para prosseguir seus estudos musicais, tendo sido aluna de Mahler. O ato de presenteá-la com a partitura parece ter sido um gesto de agradecimento ao apoio que o compositor recebeu da família de Jenny (vide K. Blaukopf, op. cit.). Após a morte desta, o original passou para seu filho John que, por sua vez, levou-o a leilão em 1959 pela casa Sotheby's, sendo adquirido pelo Sr. e Sra. James Marshall (Marie-Louise) Osborn de New Haven, Connecticut, e posteriormente depositado na Osborn Collection da biblioteca da Universidade Yale. Note-se que o manuscrito contém o movimento *Blumine,* posteriormente retirado. A senhora Osborn doou os direitos de execução de *Blumine* à Orquestra Sinfônica de New Haven (vide capítulo 9). Pertencem ao mesmo acervo uma cópia da *Sinfonia n. 2,* com correções de Mahler, o manuscrito da primeira e completa versão de *Das Klagende Lied* (incluindo o movimento *Waldmärchen,* retirado em 1888, mas nunca destruído), além do texto para uma ópera juvenil do compositor (*Rübezahl*) cuja música se perdeu.

I. Primavera, II. Feliz sonhar acordado, III. Procissão de casamento, IV. Marcha fúnebre, representando o sepultamento das ilusões do poeta e *V. Do Inferno ao Paraíso*, duramente conquistado progresso rumo à vitória espiritual.

De uma forma geral, a recepção, tanto do público quanto da crítica, foi de aprovação à primeira parte (que compreendia o primeiro movimento, o antigo segundo movimento, então denominado *Andante* e posteriormente batizado como *Blumine*, e o *Scherzo* hoje conhecido como segundo movimento) e reprovação à segunda parte (composta pelos dois últimos movimentos). Testemunhos atestam que a própria Alma Mahler, futura esposa do compositor e defensora intransigente de sua obra, teria abandonado a execução antes do término, profundamente desagradada[9]. Existiram, evidentemente, os que se entusiasmaram pela obra como um todo ou a rejeitaram inteiramente; entre os primeiros citamos o círculo próximo do compositor e, entre os últimos, críticos como Victor von Herzfeld, antigo concorrente de Mahler no Concurso Beethoven de Composição, então atuando como professor de teoria musical do Conservatório de Budapeste e crítico influente, que em artigo publicado no *Neues Pester Journal* louvava as virtudes de Mahler como regente e seus esforços à frente da Ópera de Budapeste, mas esperava não vê-lo mais conduzindo suas próprias composições, de tal sorte que seguisse os passos de Hans Richter, Hans von Bülow e Felix Mottl e não prejudicasse sua imagem e dignidade como regente, arriscando-se a dirigir obras próprias[10].

Quase quatro anos após a estréia, digeridas as críticas e a decepção pela incompreensão demonstrada pela maioria da platéia, Mahler procedeu a uma revisão da partitura para executá-la em Hamburgo, onde havia assumido o cargo de primeiro regente em 1891, função que deixaria em 1897 para assumir a direção artística da Ópera de Viena, a mais prestigiada posição do mundo musical germânico de sua época. A revisão deu-se em três rápidas etapas: em 27 de janeiro revisou o *Scherzo*; em 19 do mesmo mês foi a vez do *Finale*; e em 16 de agosto revisou o movimento *Andante*, nomeando-o *Blumine*. Além da revisão desses movimentos, que constou basicamente de alterações na instrumentação[11], cujo resultado, segundo uma carta de Mahler a Richard Strauss, "tornou tudo mais enxuto e transparente", houve a significativa mudança do título para *Titã, um Poema Sinfônico em Forma de Sinfonia*. Também o programa impresso para a estréia da

---

9. Fato mencionado em M. Steinberg, op. cit.
10. Citado em K. Blaukopf, *Mahler, a Documentary Study*.
11. A primeira versão pedia madeira a três (ou seja, três flautas, três oboés, três clarinetes e três fagotes), quatro trompas, três trompetes e três trombones, além de percussão com um conjunto de tímpanos, enquanto que a revisão previa quatro de cada instrumento de madeira, sete trompas, quatro trompetes, três trombones e percussão com dois conjuntos de tímpanos.

revisão trazia uma novidade, as polêmicas e detalhadas notas de programa, assim redigidas:

> *Titã*, um *Poema Sinfônico em Forma de Sinfonia*
> Parte 1: *Dos Dias de Juventude, Música de Flores, Fruto e Espinho*
> *I. Primavera Sem Fim (Introdução e Allegro comodo).* A introdução descreve o despertar da natureza do longo sono de inverno.
> *II. Blumine (Andante)*
> *III. A Todo Pano (Scherzo)*
>
> Parte 2: *"Commedia Humana"*
> *IV. Marcha Fúnebre à Maneira de Callot.* O seguinte texto pode servir de explanação para o movimento: o autor recebeu uma evidente sugestão a partir de *O Cortejo Fúnebre do Caçador*, pintura parodística bem conhecida por todas as crianças austríacas e recolhida de um velho livro de contos de fadas. Nela, os animais da floresta acompanham o esquife de um caçador até o seu túmulo. Coelhos carregam uma faixa, seguindo uma banda de músicos da Boêmia acompanhados por animais fazendo música, como gatos, sapos, gralhas e assim por diante. Cervos, corças, raposas e outros animais da floresta, empenados ou de quatro patas, seguem o cortejo em atitudes cômicas. À certa altura da peça expressa-se ironia e humor, enquanto que em outros momentos tem-se um clima de terror. O movimento é imediatamente sucedido pelo
> *V. "Dall' Inferno" (Allegro furioso)* o último grito desesperado de um coração profundamente ferido[12]

A versão revisada estreou em 27 de outubro de 1894, sob direção do autor, em um programa que incluiu ainda algumas de suas canções, provocando reações muito semelhantes às da estréia em Hamburgo. Em 03 de julho do ano seguinte, uma nova execução teve lugar em Weimar, dentro da programação do Festival Musical da cidade, coordenado por Richard Strauss. Para essa execução, Mahler fez imprimir as notas de programa utilizadas em Hamburgo com algumas alterações: o subtítulo da primeira parte foi corrigido para *Dos Dias de Juventude, Música de Flores, Frutos e Espinhos*[13]. A explanação do primeiro movimento foi alterada para *O Despertar da Natureza na Floresta ao Raiar do Dia,* os títulos do segundo e quarto movimentos foram alterados para *Blumine-Capitel (Andante)*[14] e *O Funeral do Caçador, Uma Marcha Fúnebre à Maneira de Callot,* respectivamente, enquanto que o título do último movimento foi completado para *Dall' Inferno al Paradiso*[15].

---

12. Transcritas em C. Floros, op. cit.
13. Esta expressão é parte do título completo de outro romance de Jean Paul (*Siebenkäs*).
14. A palavra *Blumine* parece ser uma invenção do poeta Jean Paul que intitulou *Herbest-Blumine* uma coleção de artigos publicados em uma revista. Deriva da palavra *Blume* (flor), sendo que uma tradução possível para *Herbest-Blumine* seria "Floração de Outono".
15. C. Floros, op. cit.

A reação do público permaneceu tão ambígua quanto nas duas performances anteriores, mas as críticas de Ernst Otto Nodnagel para os periódicos *Berliner Tageblatt* e *Magazin für Litteratur* parecem ter sido decisivas para provocar uma próxima revisão da obra. Nodnagel, posteriormente um dos mais ardorosos defensores de Mahler, condenou a apresentação da sinfonia como música programática, afirmando que as notas eram confusas e ininteligíveis, e que não conseguiu encontrar relações entre o romance de Jean Paul[16] e a obra de música[17]. Também classificou o segundo movimento (*Blumine*) como trivial e desnecessário[18]. Certamente sob influência dessa crítica, Mahler voltou a revisar a obra para apresentá-la em Berlim, em 16 de março de 1896, revisão essa que resultou na eliminação tanto do movimento *Blumine* quanto das notas de programa. Houve, ainda, uma nova mudança no título para, simplesmente, *Sinfonia em Ré Maior* (agora com o tradicional número de quatro movimentos). Otto Nodnagel publicou então um novo artigo no qual afirmava que "a obra encontrou agora vívida aprovação, mesmo da imprensa hostil". Quatro dias após a apresentação, Mahler disse a Max Marschalk que a razão em omitir as notas de programa não se deveu ao fato de considerá-las incompreensíveis – até porque jamais as pretendeu como caracterizações precisas – mas sim porque notou que a platéia ficava confusa com elas[19]. Apesar da mudança de posição de Nodnagel, o público continuou não demonstrando o entendimento que Mahler esperava e a sinfonia permaneceu controvertida por toda a vida do compositor, de tal sorte que ao discutir com Josef Reitter um possível programa para ser apresentado em Paris, Mahler propôs sua quinta ou sexta sinfonias, afirmando que "não ousaria sugerir a primeira". Ainda na estréia da obra em Nova Iorque, em dezembro de 1909, não teve qualquer impressão de entendimento por parte do público, conforme escreveu a Bruno Walter[20].

---

16. Lembre-se de que a obra é vagamente relacionada com o romance de Jean Paul, mas não foi direta e inicialmente inspirada nele, uma vez que o subtítulo 'Titã' só foi inserido na revisão de Hamburgo (1893), conforme o relato de Ferdinand Pfohl, citado em K. Blaukopf. Assim, o "herói" da obra de Mahler já existia (ele mesmo?). Não foi, pois, à toa que, ao procurar um título sugestivo para a obra, ocorreu-lhe relacioná-la com Roquairol (Albano), personagem central da obra de um de seus escritores favoritos. Segundo George Brandes, citado por Deryck Cooke, Roquairol é o protótipo do indivíduo movido pela paixão e pelo desespero, cujos desejos, não acolhidos pelas circunstâncias, conduzem a grandes excentricidades, mórbida autocontemplação e suicídio. Nada distante, portanto, do "herói" da sinfonia.
17. C. Floros, op. cit.
18. Idem, ibidem.
19. Idem, ibidem.
20. B. Walter, op. cit.

Com ou sem a inclusão das notas de programa, inicialmente apelidadas por Mahler de "direção de escuta"[21], a *Titã* é uma obra programática, como entendeu Philip Barford, "no sentido de desenvolver uma experiência por meio de estágios explícitos", em que a primeira parte "apresenta esperanças juvenis e a promessa da bemaventurança" e a segunda parte "descreve o que acontece após uma tragédia. No movimento lento, existe a tragédia e também estão presentes ironia, cinismo e auto-escárnio, na proporção em que podem ser projetados em termos sonoros. O final triunfante os sobrepuja com o que alguns chamariam de heroísmo um tanto desesperado e ingênuo"[22]. Além da relação imediata com as *Canções do Viajante*, fato que nos remete à herança emocional da paixão por Johanna Richter, Barford sugere que também a "paixão seguinte", dessa vez pela esposa do neto de Weber, mulher bem mais velha com quem Mahler manteve contato durante o trabalho em *Die drei Pintos*, deixou suas marcas na obra.

As versões da partitura que hoje conhecemos são a primeira edição impressa, publicada em 1899 pela casa Josef Weinberger Verlag de Viena para a qual Mahler reforçou ainda mais o aparato sinfônico e reorquestrou diversas seções, e a edição da editora Universal, que veio a lume em 1906, trazendo algumas revisões do próprio Mahler sobre a edição Weinberger. Ambas foram, cada uma a seu tempo, devidamente autorizadas pelo compositor. De qualquer forma, aquela que é considerada, talvez precipitadamente, sua sinfonia mais acessível, foi objeto de grande polêmica e incompreensão durante a vida do compositor. Vários são os fatores que podem tentar explicar essa incompreensão: em primeiro lugar, a inusitada instrumentação (a maior empregada em uma sinfonia até aquele momento histórico), aliada ao tratamento camerístico, com exploração dos vários registros e texturas dos instrumentos e suas combinações respectivamente, em uma técnica de faixas de cores contrastantes[23]. Essa nova proposta de orquestração deve, muito provavelmente, ter soado bizarra ao ouvinte do final do século XIX[24]. Também a polifonia inédita (apresentando e desenvolvendo vários elementos independentes e heterogêneos), o uso de intervalos-chave e o tratamento muito próprio da forma-sonata (ao mesmo tempo ampliada – com grupos de temas contrastantes – e flexibilizada), forjaram uma estrutura de difícil absorção em uma primeira escuta, fato que talvez explique a importância do surgimento das gravações para a maior difusão da música de Mahler[25]. Não se deve,

---

21. C. Floros, op. cit.
22. P. Barford, *Mahler, Sinfonias e Canções*.
23. "Guia do Ouvinte", *Mahler*, coleção Mestres da Música.
24. M. Kennedy, *Mahler*.
25. A primeira gravação comercial da *Sinfonia Titã* foi lançada em 1940, com a Orquestra Sinfônica de Minneapolis regida por Dmitri Mitropoulos.

evidentemente, esquecer do inédito emprego da ironia e o choque causado pelo reconhecimento de *objets trouvé*. A suposta quebra de linearidade representada pelo súbito fortíssimo no início do último movimento, embora configure apenas a continuidade do incessante crescendo de dramaticidade proposto pela obra, foi mais um elemento de indesejada surpresa para um público acostumado com padrões e clichês de composição, em cujas fôrmas a *Titã* jamais pôde adequar-se.

7. 1º Movimento: *Primavera sem Fim* ou a Rapsódia sobre a Canção do Viajante

> *A introdução ao primeiro movimento deve soar como a natureza e não como música!*
> Gustav Mahler[1]

No alto da primeira página da partitura, logo após a indicação de andamento (*Langsam Schleppend / Lento Arrastado*), Mahler anotou "como um ruído da natureza" (*Wie ein Naturlaut*). No rodapé, ainda uma nota ao regente[2], instruindo-o de como devem soar os lás graves que servem de alicerces a um edifício formado por essa única nota (e, evidentemente, seus sons harmônicos). Bastam apenas oito compassos da introdução para que o clima lúdico seja estabelecido, criando o mais inusual início de uma sinfonia ou mesmo poema sinfônico. A introdução (compassos 1 a 58) é em ré menor e seu primeiro elemento constitutivo é uma verdadeira "pirâmide de lás" (nota dominante do ré menor da introdução), distribuídos em oito oitavas que vão do lá profundo do contrabaixo, escrito duas (e soando três) oitavas abaixo do dó central, ao agudíssimo dos primeiros e segundos violinos. A idéia era obter musicalmente o efeito da mínima e bruxuleante luz dos pri-

---

1. Carta de Mahler a Franz Schalk, dando instruções para a execução da *Sinfonia Titã* (sem data, reproduzida em K. Blaukopf, *Mahler: a Documentary Study*).
2. Durante toda a sinfonia, Mahler inseriu pormenorizadas indicações, tanto relativas a agógica e dinâmica quanto à climatização desejada (este último tipo encontrado

meiros momentos do amanhecer, imiscuindo-se entre as folhas das árvores. Em seu revelador trabalho sobre Mahler, Adorno descreveu esse momento como uma "fina, mas densa, 'cortina' que desce dos céus como uma nuvem cinza, machucando os olhos sensíveis"[3]. O compositor não ficou satisfeito com o resultado obtido na estréia. Assim, na revisão de Hamburgo (1893) inseriu a indicação de sons harmônicos em todos os instrumentos de corda, com exceção dos contrabaixos. Em uma carta à fiel amiga Natalie Bauer-Lechner relatou que na estréia da obra em Budapeste, a introdução soou

> muito mais substancial do que a luminosidade fraca e tremeluzente que eu tinha em mente. Ocorreu-me, então, que eu poderia ter todas as cordas tocando sons harmônicos (dos violinos no topo, descendo até os contrabaixos que também possuem harmônicos). Consegui, então, o efeito que eu desejava[4].

Na análise de Philip Barford, o resultado sonoro desse inusitado uníssono é "um clima de etérea contemplação bucólica"[5]. Estamos diante de um ainda indefinido momento de uma manhã de primavera, anunciada pelos intervalos de quarta descendente (intervalo-chave do movimento e de toda a sinfonia) – formando o que se convencionou designar "motivo da natureza" – primeiro no flautim, oboés e clarinetes e depois de um compasso de interrupção nas flautas, corne inglês e clarinete baixo. Embora Marc Vignal interprete este intervalo como a pureza do elemento original ainda não corrompido pelo artesão (compositor)[6], parece-nos significar justamente o oposto, ou seja, uma natureza estranha e corrompida, cujo refúgio é ainda buscado pelo homem, mas não mais encontrado em sua forma pura/ingênua como em Beethoven ou mesmo Delius. Nesse sentido, Adorno aponta que

especialmente na *Marcha Fúnebre*). É curioso notar que o Mahler compositor preocupa-se em orientar ao máximo o regente, de certa forma inibindo sua liberdade de interpretação, talvez com vistas a coibir tanto a excessiva literalidade das leituras dos andamentos, quanto uma liberdade excessiva na inserção de acelerandos e retardandos. Vale a pena lembrar que convivem no mundo germânico duas escolas de interpretação em regência: uma, cuja origem remonta a Mendelssohn e exige a leitura o mais fiel possível à partitura, evitando alterações de dinâmica e agógica não expressamente escritas pelo compositor, e outra, inaugurada por Wagner que pregava a liberdade na recriação da obra, acentuando os momentos de repouso, clímax, lamento etc., por meio da alteração dos andamentos (no século XX, Toscanini e Furtwängler corporificaram os ideais de uma e outra tendência, despertando amores e ódios). Sabemos, por meio de depoimentos de músicos que trabalharam sob a batuta de Mahler que este filiava-se à linha wagneriana (sumamente representada em sua época por Hans Richter e Hans von Bülow) que posteriormente seria conhecida como Escola Alemã.

3. Na verdade, o primeiro capítulo do estudo que Theodor W. Adorno dedicou à música de Gustav Mahler tem o título de "Cortina e Fanfarra", aludindo ao primeiro movimento da *Sinfonia n. 1*.

4. Citado em C. Floros, *Gustav Mahler: The Symphonies*.

5. P. Barford, *Mahler, Sinfonias e Canções*.

6. M. Vignal, *Mahler*.

"elementos de natureza inseridos, aqui e ali, na sua obra, têm sempre um efeito não natural"[7], ou ainda que "as associações com a natureza ou a paisagem que surgem na música de Mahler nunca são absolutas, mas são sempre inferidas em contraste com um paradigma da qual desviam". Cooke lembra uma passagem da infância do compositor, na qual o pequeno Mahler teve de esperar por seu pai durante horas no bosque, experiência que deve ter trazido suas marcas para a introdução da sinfonia, em um misto de expectativa, medo e deleite[8].

Em outubro de 2002, o regente norte-americano Charles Zacharie Bornstein descobriu na biblioteca da Rubin Academy of Music, em Israel, uma cópia impressa da primeira edição da sinfonia (Viena, Weinberger: 1899), alterada em tinta vermelha por uma caligrafia que imediatamente supôs ser do próprio Gustav Mahler[9]. A análise do manuscrito empreendida pelo decano dos estudos mahlerianos, Henri-Louis de La Grange, que comparou as anotações com o manuscrito da *Sinfonia n. 8* (provavelmente escrita no mesmo período das anotações encontradas), confirmou sua autenticidade. Tudo indica que as alterações devem ter sido feitas tendo em vista a nova edição da Universal, publicada em 1906. Entretanto, cerca de vinte por cento das alterações não constam da nova edição. Uma vez que a esmagadora maioria das alterações foi observada e transposta para a editora Universal, resta indagar-se se o compositor mudou de idéia e alterou uma vez mais as possíveis provas desta última (ainda não localizadas). Tal não fosse, conhecida a minúcia do compositor, possivelmente teria chegado a nós alguma manifestação sua de protesto pela inobservância de suas indicações por parte do novo editor. De qualquer forma, as alterações não observadas dizem respeito tão somente à instrumentação, além de pequenos detalhes de fraseado. Na página de abertura da obra, encontramos talvez a mais relevante diferença, devido à alteração de colorido por ela provocada. Trata-se das flautas e clarinetes tocando a primeira quarta descendente, ao invés de flautim, oboé e clarinetes como conhecemos. Essa diferença, nada substancial evidentemente, torna a afirmação inicial menos encorpada, e talvez mais leve e "fria"[10].

---

7. T. W. Adorno, *Mahler: a Musical Physiognomy*. Na tradução inglesa utilizada, o texto fala de um efeito *unnatural*, palavra que não encontra correspondência exata em português e que não pode ser traduzida como antinatural, mas deve ser compreendida como algo "desnatural ou desnaturalizado".

8. D. Cooke, *Gustav Mahler, an Introduction to His Music*.

9. Nesse sentido veja-se os artigos "What Mahler Had in Mind (Or Was It?)", escrito por Paul Griffiths para o *The New York Times*, em 8 de dezembro de 2002 e "The Manuscript of Mahler's First Symphony with Corrections by the Composer in Red ink", escrito por Noam Bem Ze'ev para o jornal *Haaretz Daily*, em 19 de dezembro de 2002.

10. Uma edição crítica da *Sinfonia Titã* está em fase de preparação sob a supervisão de Henri-Louis de La Grange e levará em consideração o recém-descoberto manuscrito de Jerusalém.

Após duas angustiantes interrupções, o "motivo da natureza"'é finalmente completado pelos oboés e fagotes (compassos 7 a 9), concluindo em uma terça menor com a nota si bemol que se choca com o pedal em lá[11]. As duas primeiras quartas descendentes lembram um motivo secundário do último movimento (*Allegro con spirito*) da *Sinfonia n. 2, em Ré Maior, opus 73* de Johannes Brahms, inicialmente exposto nos compassos 234 a 236 (de forma anacrúsica, escrito uma terça menor acima do que o motivo de Mahler) e repetido nos compassos 239 a 240 (também de forma anacrúsica, agora uma quarta justa acima do motivo mahleriano). O compasso 9 reserva um outro elemento de surpresa e, pela primeira vez na obra, ironia. Com a primeira das muitas mudanças de andamento que compõem a introdução (*Più mosso*) ouve-se uma fanfarra soando ao longe, herança inequívoca das aberturas *Leonora* de Beethoven[12]. Porém, não se trata da usual fanfarra de metais, mas sim de clarinetes tenores e baixo, entoando terças e quintas, como se fossem trompas naturais[13]. Quatro compassos de *retardando* conduzem a uma volta do *Tempo I* (compasso 16). Entre os compassos 18 e 21 ouve-se novamente o "motivo da natureza", desta vez sem interrupções, entregue agora ao flautim, oboé, corne inglês e clarinete baixo (juntos). O retorno do *Più mosso* (compasso 22) traz de volta a fanfarra, agora nos trompetes, em diálogos e sempre à distância, como um sinal de ajuda (ou ameaça) a quem se encontra perdido (ou refugiado) na floresta. Trata-se aqui do mundo real dos trompetes, senhores absolutos deste tipo de proposta musical, e não mais do mundo irônico e onírico (talvez como projeção do subconsciente ou inconsciente) dos clarinetes ouvidos anteriormente. Assim como

11. Ainda que não falemos em dissonância, mas adotemos o conceito de maior ou menor grau de consonância proposto por Schoenberg em seu *Tratado de Harmonia*, o efeito sonoro provocado por intervalo de segunda menor (no caso lá natural e si bemol) é sempre de grande conflito, acentuado ainda mais em um contexto tonal como o da obra em estudo.

12. Como observou Pierre Boulez (introdução à partitura de *Das Klagende Lied*, vide bibliografia), referindo-se a uma passagem análoga em *Das Klagende Lied*, "os sopros são colocados à distância, com o efeito 'naturalístico' desejado pelo compositor de que deviam tocar *forte* – como escrito na partitura, mas devendo-se ouvi-los *piano* – demarca que, muito além de Berlioz (e também Wagner), o gesto teatral de Mahler tem sua origem em *Leonora III*.

13. Até meados do século XIX, as trompas não possuíam válvulas que lhes permitissem tocar todas as notas de uma escala em uma mesma tonalidade, ficando, assim restritas aos sons harmônicos, particularmente apropriados aos toques militares e de caça. Seu uso na orquestra sinfônica obedecia a essas restrições, obrigando o uso de trompas em mais de uma tonalidade para se adequar aos diversos tons empregados pelos compositores no decorrer dos movimentos. Embora os clarinetes (instrumentos muito menos antigos do que as trompas) também tenham sofrido uma evolução técnica, com o acréscimo de chaves que facilitam a execução nas diversas tonalidades, nunca foram tão limitados quanto as trompas, o que acentua a ironia de seu uso com sons harmônicos (falsas trompas) no início da *Sinfonia n. 1* de Mahler.

a fanfarra anterior (nos clarinetes), esta fanfarra com os trompetes tenta, em vão, romper as brumas da cortina de luz[14]. Conjeturou Adorno que um jovem "acordado às cinco horas da manhã por um som que desce sobre ele" (seqüência de quartas do "motivo da natureza") "nunca mais cessa de esperar pelo retorno do que foi ouvido naquele estágio intermediário entre o sono e a vigília"[15]. Dessa forma, a densa cortina de lãs e, sobretudo, o descendente intervalo de quartas contaminam todo o movimento e toda a sinfonia. O intervalo de quarta descendente retorna em *flashs* sucessivos (oboé, flautas, corne inglês e clarinetes baixos), conduzindo ao novo retorno do *Tempo I* e ao reenunciar da seqüência nos violinos e violoncelos. Mais um *Più mosso* (compasso 30) traz um novo elemento de "animação": o canto do cuco nos clarinetes. Notamos estar ouvindo o único cuco da História da Música que "canta" em quartas descendentes e não em terças descendentes. Enquanto Beethoven evoca esse pássaro após a tempestade da *Sinfonia Pastoral*, como um evidente sinal de bonança e reconciliação do homem com a natureza, Mahler clama por sua presença logo na introdução da sinfonia. Trata-se, sem dúvida, de um elemento carregado de ironia (ou até certo sarcasmo), pois um cuco em quarta é ao mesmo tempo evocativo e amargo, fala da natureza sem ser uma imitação dela[16]. Está, pois, superada, a mímese para se entrar no universo da expressão (ou ainda impressão) do universo interior, ao mesmo tempo diverso e degenerativo do mundo exterior. Em concomitância ao quarto cantar do "motivo do cuco" ouvimos um primeiro coral nas trompas, em seqüência que remete inevitavelmente ao universo judaico. As trompas são comentadas por um acelerando dos trompetes que se conservam à distância, para retomarem o coral e serem novamente glosadas pelos trompetes, agora com intervenções do clarinete (cuco). Entramos na parte final da introdução. Os tímpanos em trinado acompanham um "motivo ameaçador" nos violoncelos e contrabaixos (antecipação do "Inferno" do quarto movimento), cujo ritmo regular e o

---

14. À maneira das aberturas *Leonora II e III* de Beethoven, nessa passagem os trompetes são executados fora do palco, nos bastidores, entrando em cena posteriormente, quando o compositor troca as indicações *in weiter aufgestellt* e *in der Ferne* (ambas significando *soando à distância*) pela indicação *Die 3 Tromp nehmen ihren Platz in Orchester ein* (*os 3 Trompetes tomam seu lugar na orquestra*), no compasso 47. Essas passagens nas aberturas de Beethoven são, possivelmente, o primeiro exemplo de *suspensão* em música, ver nota 22.

15. T. W. Adorno, op. cit.

16. Aqui é oportuno lembrar a observação de Adam Smith que, mais preocupado com estética do que com economia, em 1755 escreveu que "a música não é uma arte essencialmente imitativa, exceto em procedimentos superficiais como a simulação de cucos ou riachos murmurantes, mas uma obra de música puramente instrumental traz 'um prazer intelectual tão alto quanto a contemplação de um grande sistema em qualquer outra ciência'". Citado em C. Rosen em *The Romantic Generation*.

andamento progressivamente acelerado – com intervenções do motivo das quartas descendentes nas trompas e depois do corne inglês, fundindo-se ao cuco nos clarinetes e também flautas – conduzem ao inevitável amanhecer representado pelo início da exposição. Quatro compassos servem para prepará-la, já em ré maior e compasso *alla breve*. Neles, os clarinetes apresentam uma variação rítmica do "motivo do cuco", entoando-o em semínimas (ao invés da seqüência anterior colcheia/semínima), preparando, assim, magnificamente o início da exposição.

Em andamento bem cômodo, a exposição se inicia com a apresentação do tema da segunda canção do ciclo *Lieder eines fahrenden Gesellen,* intitulada *Gieng heut' Morgens über Feld,* na mesma tonalidade daquela (ré maior). A enunciação do tema fica a cargo dos violoncelos e contrabaixos escritos em uníssono (soando, portanto, em oitava) e com eles sentimos o conteúdo poético da letra da canção (evidentemente omitida na sinfonia). De autoria do próprio Mahler, o texto, livremente traduzido, diz: "fui ao campo esta manhã / com a grama ainda molhada de orvalho / e o feliz pássaro me disse; / Ei, você! Bom dia". Após esta reveladora citação, podemos presumir que se a exposição trata de uma busca de consolo na natureza (que com suas belezas e encantos faz esquecer a dor e o sofrimento humanos), provavelmente a melancolia da introdução diz respeito à solidão em face à perda do amor, objeto poético da primeira canção do ciclo *Wenn mein Schatz Hochzeit macht (Quando Minha Amada ficou Noiva),* cujos temas não são citados, direta ou indiretamente, mas cujo clima, marcado também pela constante alternância de dois andamentos básicos, um mais animado (*Schneller*) e outro mais lento (*Langsamer*), corresponde ao da introdução da *Sinfonia Titã.* Após a primeira apresentação do tema correspondente à letra citada, ouvimos o alegre comentário do cuco que prepara a repetição do tema no trompete, completado pelos violinos e comentado pelas flautas em clara imitação do canto dos pássaros, em um motivo que ficou conhecido no mundo germânico como "trilili", mas que parece preferível denominar-se "motivo dos pássaros"[17]. Os violinos, tradicionais "donos" do primeiro tema das sinfonias clássicas e românticas (tema A), finalmente entram decisivamente em cena no compasso 84 para exporem a segunda parte do tema em pianíssimo. Com delicadíssimos acentos apresentam o que na poesia corresponde às frases "tudo, tudo ganhou / som e cor à luz do sol", "pulando", portanto, vários versos da poesia (e partes da melodia) da canção do viajante para fundi-la a outros elementos da sinfonia. As interligações ficam por conta de materiais também originários daquela canção, apresentados depois em ordem seqüencial. Os constantes (e belos) comentários dos pássaros também formam o acompanhamento, constituindo-se em testemunhas do

---

17. C. Floros, op. cit.

poder da natureza (cujo elemento alegórico preponderante aqui é, sobretudo, o sol) e exercendo seu poder de persuasão para contagiar o espírito humano com otimismo e vitalidade. A partir do compasso 109, temos o retorno do tema do início da canção, agora enunciado pelos trompetes e complementado por oboés e clarinetes. Os segundos violinos dão-lhe continuidade, desta vez com o material melódico correspondente à continuação da letra, expectativa frustrada quando da primeira apresentação (no compasso 84). A seqüência melódica corresponde aqui às frases: "Bom dia! / Este não é um mundo encantador?". A exposição vai chegando ao fim com uma *codetta* que trabalha o "motivo dos pássaros", apresentando dinâmica cada vez mais forte e andamento mais animado, concluindo, uma vez mais, com o cuco, desta vez pulverizado em flautas, oboés, clarinetes e fagotes. Estamos no compasso 162. Aqui Mahler pede a repetição da exposição, por meio da convencional barra de repetição, enfatizada pela enunciação do tema do violoncelo análogo ao compasso 62 que fora utilizado com ligação entre a introdução e a exposição (notação entre colchetes, pois deve ser excluída na repetição que, então, se ligará ao desenvolvimento). Entendemos como absolutamente necessária a repetição da exposição, uma vez que ela tem somente cem compassos e não possui tema de contraste (tema B)[18]. Muitas gravações antológicas – como a de Bruno Walter – não a repetem (certamente em função da duração dos antigos discos) o que vem influenciando essa prática que entendemos desaconselhável tanto em gravações quanto em execuções ao vivo. Como analisou Adorno, a forma em Mahler não é um mero esqueleto a ser preenchido com os elementos constitutivos habituais (temas, motivos, pontes, cadências, codas etc.), mas sim ela mesma um elemento de conteúdo[19]. Pela primeira vez na história da sinfonia temos uma exposição sem tema de contraste, sem que esse faça falta, pois estamos diante de uma nova abordagem da forma sonata, na qual o próprio elemento formal é ao mesmo tempo o suporte e o seu conteúdo. Esse peculiar tratamento da forma sonata, preludiado pela complexa introdução em forma de "cortina", foi, como se pode muito bem supor, incompreendido pelos contemporâneos do compositor que, não conseguindo localizar a seqüência habitual de elementos, preferiram considerar o movimento (não sem alguma ironia) como uma "rapsódia sobre temas de uma canção".

O esperado desenvolvimento tem início em compasso 4/4, com o retorno da "cortina de lás', que já vinha sendo preparada nos oito últi-

---

18. O mesmo ocorre com a *Sinfonia n. 4* de Robert Schumann (na verdade, a segunda a ser composta por ele). O tema de contraste (dito tema B) aparece não na exposição (cuja não repetição dificulta a correta fixação do material principal na memória do ouvinte), mas sim no desenvolvimento.

19. T. W. Adorno, op. cit.

mos compassos da exposição. Os primeiros violinos sobem, sucessivamente, quatro oitavas até atingirem, no início do desenvolvimento, o lá agudo da introdução. Estamos diante de uma cortina menos espessa do que a inicial, com apenas três camadas de pedal (primeiros e segundos violinos e violas), ao invés das oito camadas anteriores (violinos em uníssono, violas, violoncelos divididos em três partes e contrabaixos divididos em mais três partes). Aumentam, portanto, as esperanças de rompê-la, o que sobrecarrega o desenvolvimento com todas as expectativas frustradas pela exposição. Até o compasso 206, os pequenos motivos, como o canto dos pássaros e o cuco nos clarinetes e também no flautim, dominam a seção, pairando sobre o pedal/ cortina das cordas. Esta será progressivamente reforçada pelas trompas, tuba e contrabaixo[20]. No compasso 167, os violoncelos surgem em pianissíssimo (*ppp*), em um delicado glissando descendente mi-lá (mesmas notas, mas seqüência invertida do cuco no flautim/cuco que entoa, portanto, lá-mi). Dois compassos à frente, apresentam um fragmento temático que será o germe do material contrastante do desenvolvimento. Novas aparições fragmentadas, com diferentes durações, surgem nos compassos 175 (com anacruse), 184/185, 191, 195 e 198 (com anacruse). A partir do compasso 189, temos um primeiro exemplo de poderosa heterofonia do estilo sinfônico mahleriano[21], com a sobreposição de três elementos: 1. o pedal na nota lá, sustentado pelos primeiros violinos divididos em duas oitavas, contrabaixos, tuba e tímpanos, estes últimos em trinado, 2. a seqüência das quartas descendentes (agora sim, três intervalos sucessivos de quarta justa, finalizando no lá, consonante ao pedal e não mais em choque de si bemol/lá como na introdução) e 3. o motivo da harpa derivado da aterrorizante passagem de transição apresentada de forma quase subliminar pelos violoncelos e contrabaixos no final da introdução. A todos esses elementos se junta uma insinuação de coro nas trompas I-IV, apresentada em duas breves etapas (compassos 193-194, com anacruse, e compassos 197-180, também com anacruse). O pedal de lá mantém-se nas cordas, ganhando ainda um reforço nas madeiras e servindo de base para rápidas intervenções do cuco: primeiro nos clarinetes e depois também nas flautas intercaladas a esses. Essa magnífica passagem de moderna polifonia (constituída pela sobreposição de elementos com raízes distintas, tratando-se, portanto, de heterofonia) conduz ao início da segunda parte do desenvolvimento, uma vez mais em *alla breve*, que começa com uma fanfarra-coral das quatro primeiras trompas em

---

20. O obsessivo detalhismo do compositor tem prosseguimento. Ao agregar a tuba para reforçar o pedal, Mahler anotou no rodapé: "se o tubista não conseguir tocar este *pp* de forma clara, usa-se o contrafagote em seu lugar". Esse tipo de observação para a tuba volta a aparecer na *Marcha Fúnebre* (atual 3º movimento).

21. Sobre o conceito de heterofonia, vide capítulo 5.

ppp, comentada pelos pássaros (flautas), "cantando" cada vez mais animados. No compasso 220, sob a indicação de um andamento um pouco mais movido (*Etwas bewegter, aber immer noch sehr ruhig*), os violoncelos trazem o tema de contraste que não foi apresentado na exposição e que dela deriva claramente. Cinco compassos depois nos brindam uma vez mais com a riqueza da heterofonia mahleriana quando, por meio dos violinos, sobrepõe-se à segunda parte do tema da canção do viajante (que também falhou em aparecer no momento em que era naturalmente esperada durante a exposição). O quebra-cabeças ganha então as peças que faltavam para completar o desenho estrutural básico do movimento. Está agora bastante claro que o objetivo deste desenvolvimento não é promover intrincados jogos harmônicos ou de metamorfose temática e motívica, mas sim de completar a informação deixada reticente e misteriosa na exposição.

Os elementos acima enumerados (tema B, segunda parte do tema da canção do viajante e cantos de pássaros) vão, então, convivendo e se tornando progressivamente rarefeitos, transformando o relaxamento inicial do desenvolvimento em um clima um tanto premonitório. De fato, no compasso 251 temos uma brevíssima insinuação do "tema do inferno" (elemento essencial do último movimento da obra), rapidamente superada pelo retorno de elementos mistos da canção do viajante, a partir do compasso 257. Porém, o afastamento das nuvens carregadas mostra-se efêmero e uma nova transição, formada por um misto de rarefação da instrumentação contraposta ao espessamento harmônico, conduz à verdadeira antecipação do "Inferno" (mais veemente que as meras insinuações anteriores), marcando o início da terceira parte do desenvolvimento. A partir do compasso 317 tudo se torna mais explícito e urgente e o motivo oitavado nos violinos (também protótipos de uma importante figura a dominar o último movimento), requerendo estrito controle da dinâmica, conduz a uma fanfarra nos quatro trompetes. O vai-e-vem dos violinos continua, agora com o reforço das madeiras e intervenções verticais regulares nos metais e percussão (bombo grave). Trata-se de um prolongado e angustiante crescendo, no qual as figuras oitavadas vão se transformando em pedais para suportar intervenções maciças das trompas e, ao final, desembocar em um poderoso (e primeiro do ciclo sinfônico mahleriano)

22. Em sua obra dedicada à música de Mahler, Adorno isola três características que considera fundamentais para o entendimento da poética sinfônica do compositor. São elas: *Durchbruch* (que em inglês é usualmente referida como *Breakthrough* ou mesmo *Outburst* e que optamos por adaptar ao português como *Irrompimento*), *Suspension* (*Suspensão*) e *Erfüllung* (no inglês *Fullfilment* e em nossa tradução para o português *Completude*). Trata-se de elementos que rompem (e metamorfoseiam) a forma, tornando-se, em certa medida, a própria forma (ou seja, dando origem a uma forma *sui generis*), sendo ainda que, para Adorno, todo *Irrompimento* é, em alguma medida, uma *Suspensão*, mas a recíproca não é verdadeira. Adotamos aqui a classificação

irrompimento (*Durchburch*)[22]. O clímax de todo o movimento acontece a partir do compasso 352, em um poderoso acelerando marcado pela fanfarra sucessiva de trompetes aos quais juntam-se primeiro as trompas e depois todas as madeiras. Em instruções enviadas por carta a Franz Schalk, Mahler recomenda para o primeiro movimento "a maior delicadeza o tempo todo (com exceção do grande clímax)"[23]. Seis compassos de incontida explosão levam ao poderoso toque homofônico das sete trompas (compassos 358, com anacruse, a 363), sucedidas pela irreverência do trompete solo comentado pelas cordas em *legato* e o trabalho quase subliminar das madeiras no sentido de restabelecer o clima da canção do viajante. A partir do compasso 378, uma nova transição é iniciada, desta vez sem a ansiedade e expectativa das anteriores, mas sim em um desenho nas madeiras que sugere certa completude (*Erfüllung*)[24]. Seis compassos depois tem início a deveras atípica reexposição, anunciada pelos trompetes que retomam o tema da canção do viajante na tonalidade principal (ré maior), completado pelas cordas e primeiras partes das madeiras. Elementos do desenvolvimento e impulsos cadenciais se imiscuem nessa nova apresentação do tema, transformando o que seria uma reexposição da forma sonata tradicional em um misto de reexposição, continuação do desenvolvimento e coda antecipada. Como entendeu Adorno, "a reexposição após o irrompimento não pode ser uma simples reexposição como usualmente requerida. O retorno que o irrompimento evoca deve ser o seu próprio resultado: algo novo"[25]. Também Pierre Boulez, referindo-se a *Das Klagende Lied* como semente dos procedimentos mahlerianos, notou que

o retorno de um tema não é, propriamente falando, uma repetição, mas sim um marco dramaticamente colocado em uma importante junção, permitindo-nos seguir a obra. Assim, tal qual em um romance, tornamo-nos atrelados a determinados personagens cujas intervenções determinam a ação, sendo, por assim dizer, seu próprio fio condutor[26].

Temos, então, que o elemento utilizado para romper a forma tradicional (nesse caso, o irrompimento) torna-se elemento intrínseco da forma. Porém, nem toda essa heterofonia e variedade formal impedem o reconhecimento do tema da canção do viajante, agora emendando a primeira parte do tema (que constou da exposição) com a segunda parte dele (que só figurou no desenvolvimento). Assim procedendo, a

---

adorniana apenas à medida que entendemos ser aplicável à *Sinfonia n. 1*, obra na qual a escrita sinfônica de Mahler estava ainda em sua fase inicial de desenvolvimento.
    23. Carta de Mahler a Franz Schalk, dando instruções para a execução da *Sinfonia Titã* (sem data, reproduzida em K. Blaukopf, op. cit.).
    24. Quanto à classificação de Adorno, vide nota 22.
    25. T. W. Adorno, op. cit.
    26. P. Boulez, prefácio à edição de *Das Klagende Lied*.

reexposição vai além da exposição, trazendo tanto o material temático desta quanto aquilo que ela deixou de apresentar. Pode-se falar, então, em uma reexposição tanto da exposição quanto do desenvolvimento, assumindo, ainda, francos ares de coda. Como teorizou Adorno, a dialética mahleriana é muito peculiar, não havendo em sua música síntese sem contradição[27]. É tarefa árdua (e possivelmente inócua) estabelecer o início efetivo da coda, pois sua presença já se faz sentir desde o início da reexposição. É, no entanto, certo que, a partir do compasso 432 todas as figuras tendem apenas à conclusão cadencial e não mais à apresentação, desenvolvimento ou retorno temático ou motívico. O intervalo de quarta descendente, o mesmo que iniciou e deu todo o impulso vital do movimento, está mais presente do que nunca, em todos os naipes. Aos tímpanos caberá enunciá-lo sozinhos nos compassos 339 e 440, seguindo-se dois compassos de pausa em tempo livre[28]. A isso respondem madeiras e metas, intercalando-se novo solo dos tímpanos para uma nova resposta que, após um compasso de pausa geral também livre, dá lugar ao *tutti* final de três compassos. Atente-se para as notas do tímpano, que são as mesmas que darão início ao atual terceiro movimento (*Marcha Fúnebre*), dotando a obra de extrema coesão de motivos e circularidade.

A inusitada estrutura formal, a nítida climatização e o trato muito peculiar da matéria musical fazem deste movimento o mais extraordinariamente original até então composto (sem qualquer desprezo pelos também pouco comuns movimentos da *Sinfonia Fantástica* de Berlioz, da qual a *Titã* é herdeira dileta) e também o germe da sinfonia moderna. Mesmo os sinfonistas que viriam a ser influenciados por Mahler, como é o caso de Shostakovich, não atingiram o modelo (ou anti-modelo) mahleriano em suas primeiras tentativas[29]. Da mesma maneira que Beethoven e Berlioz ampliaram o espectro da sinfonia, possibilitando o emprego da voz e o suporte literário/descritivo respectivamente, Mahler avançou em direção à modernidade, em que a obra de arte deixa de ser um suporte para a comunicação de uma idéia, tornando-se, ela mesma, a própria idéia.

---

27. T. W. Adorno, op. cit.
28. Na partitura encontramos a indicação G.P. nos compassos 441, 442 e 447, indicando, dentro da concepção alemã de regência, uma pausa geral prolongada *ad libitum*.
29. As primeiras sinfonias de Shostakovich, por exemplo, são tanto bastante tradicionais quanto à forma (como é o caso da *Sinfonia n. 1*) quanto absolutamente antiformais (como é o caso da *Sinfonia n. 2* que, em princípio, não segue qualquer esquema tradicional). Somente a partir da *Sinfonia n. 4*, Shostakovich dá prosseguimento às tratativas sinfônicas mahlerianas, partindo da forma tradicionalmente adotada para os diversos movimentos e subvertendo-as (como Mahler, nunca a ponto de torná-las irreconhecíveis).

Titan

von

Jean Paul.

Erster Band.

Berlin, 1800.
In der Buchhandlung des Commerzien-Raths
Matzdorff.

Frontispício do romance *Titã*, de Jean Paul Richter, 1800.

8. *Blumine* ou a Desistência do Interlúdio Floral

Feliz sonhar acordado
Gustav Mahler[1]

Como pormenorizadamente relatado no capítulo 7, a *Sinfonia Titã* foi originalmente concebida como um poema sinfônico em duas partes, compreendendo, em um primeiro momento, cinco movimentos. *Blumine* era o segundo deles e permaneceu como parte integrante da obra após a revisão de Hamburgo, em 1893 (tendo sido revisado em 16 de agosto daquele ano), quando esta passou a se chamar *Titã, Um Poema Sinfônico em Forma de Sinfonia*. Assim sendo, o movimento *Blumine* foi executado em três oportunidades: na estréia em Budapeste (1889), em Hamburgo (1894) e em Weimar (1895). Porém, a revisão para a apresentação da obra em Berlim, em 16 de março de 1896, tratou de excluir o movimento, bem como as notas de programa, redesignando a peça simplesmente *Sinfonia em ré maior*, desta vez com os tradicionais quatro movimentos. Se a reação do público na estréia da obra em Budapeste foi de aprovação à primeira parte, que incluía três movimentos, entre os quais contava-se *Blumine*, este não teve a mesma sorte na execução em Weimar, quando foi classificado

---

1. Descrição do movimento *Blumine*, publicada em um jornal de Budapeste na véspera da estréia da obra. Sua autoria é atribuída a Gustav Mahler sem, entretanto, haver cabal confirmação desse fato.

pelo influente crítico Ernst Otto Nodnagel como "trivial e desnecessário"[2]. Parece-nos não haver dúvida de que a opinião do crítico foi decisiva para exclusão do movimento, bem como das notas de programa (conforme as observações feitas no capítulo 6).

Se as origens primeiras da *Sinfonia Titã* são ainda discutidas (e discutíveis), dividindo-se os estudiosos entre datas que se estendem desde 1884 (para os primeiros esboços), a procedência de *Blumine* é, entretanto, bem conhecida. Em 1883, Mahler foi nomeado diretor musical e diretor de coros do Teatro da Corte de Kassel. Entre as óperas por ele dirigidas naquela casa encontrava-se *Der Trumpeter von Säkkingen* (*O Trompetista de Säkkingen*), composta pelo então prestigiado Victor Ernest Nessler (1841-1890). Baseava-se na obra literária homônima de Joseph Victor von Scheffel (1826-1886), popular escritor cuja temática recorrente estava associada ao amor pela natureza e à glorificação saudosista do passado germânico. A popularidade recaiu, porém, mais sobre a história de Scheffel do que sobre a ópera de Nessler, tornando-se, então, comum a representação do argumento em forma de teatro de prosa. Foi, assim, para uma dessas encenações teatrais que Mahler recebeu o encargo de prover música incidental. Para tanto, compôs, no exíguo espaço de tempo de dois dias, uma espécie de interlúdio sinfônico. Sabe-se, por meio de seus próprios depoimentos, que a peça se tornou bastante popular, sendo executada sucessivamente em Mannheim, Wiesbaden e Karlsruhe[3]. Não é possível saber ao certo quanta música Mahler escreveu para a ocasião, tampouco se a partitura integral foi extraviada ou destruída por ele, e até a vinda a lume da partitura original da *Titã*, em 1959, não havia qualquer pista de como deve ter sido. Cita-se este último fato para salientar que o antigo segundo movimento (*Blumine*) nada mais é do que uma parte da música que Mahler originalmente escreveu para a representação em prosa de *Der Trumpeter von Säkkingen*, constituindo, assim, uma "colagem" muito mais literal do que o ocorrido com a segunda peça do ciclo *Lieder eines fahrenden Gesellen* (*Ging heut' Morgen über's Feld*), em que identificamos a citação do tema, com respeito à sua estrutura e tonalidade, mas submetida a interrupções e transfigurações. Isso dito, em pelo menos um caso, justamente o de *Blumine*, podemos (ou poderíamos, uma vez que o movimento foi excluído da obra) saber ao certo qual a origem, temática e circunstancial, do material utilizado na sinfonia. O trecho que migrou de *Der Trumpeter* para a *Titã* corresponde ao momento da peça teatral em que o trompetista Werner toca uma serenata à luz da lua, em frente ao castelo onde mora sua amada, Margareta, posicionando-se, contudo, na outra margem do rio Reno, fazendo o som de seu instrumento se proje-

---

2. Citado em C. Floros, *Gustav Mahler: The Symphonies*.
3. Carta ao amigo Lohr, citada em A. Silbermann, *Guía de Mahler*.

tar por sobre as águas e ir ao encontro da jovem[4]. O título que a música originalmente composta para a peça recebeu, ao ser introduzida como um dos movimentos do então *Poema Sinfônico em Duas Partes*, é um outro tributo a Jean Paul, que deu o apelido de *Herbst-Blumine* a uma coleção de artigos publicados em uma revista[5]. A palavra *Blumine* parece ser, de fato, um neologismo criado pelo próprio poeta, evidentemente derivado da palavra *blume* (*flor*). Quanto à palavra composta *Herbst-Blumine,* poderíamos traduzi-la livremente por *Floração de Outono*, talvez sem grande prejuízo de seu sentido poético. Dessa forma, Mahler integrou a música composta para *Der Trumpeter* tanto no contexto musical, quanto literário e programático da *Sinfonia Titã* (talvez ainda mais neste do que naquele).

Trata-se de um movimento curto, em andamento *Andante allegretto* (sic), contendo apenas 140 compassos. Sua tonalidade é dó maior, distanciando-se do contexto tonal da sinfonia, muito embora entre suas sinfonias posteriores não faltem exemplos de extremos contrastes tonais entre os movimentos. Porém, o que mais contrasta com os demais movimentos da versão original da obra, e note-se que esse aspecto jamais foi destacado em estudos publicados até o momento, é a modéstia da instrumentação empregada, constando apenas de duas flautas, dois oboés, dois clarinetes em dó, dois fagotes, quatro trompas em fá, um trompete solo em fá, tímpanos, uma harpa e cordas, aparato que, salvo a presença da harpa, mostra-se mais condizente com as últimas sinfonias de Haydn do que com as de Mahler de 1888, criador da gigantesca *Das Klagende Lied.* Outro aspecto ruidosamente destoante no seio da sinfonia é o fato de não ser construído sobre (ou a partir de) o intervalo de quarta descendente, essência estrutural de toda a obra[6]. Sob esse ponto de vista, nada desprezível evidentemente, *Blumine* soa realmente como um enxerto. Apesar das opiniões contrárias muito categóricas, como as de Cooke e Floros (para os quais o movimento não está à altura da sinfonia)[7], *Blumine* conta com o entusiasmo de autores como Michael Kennedy, para quem esse andante delicadamente orquestrado é uma verdadeira "serenata ao luar do trompete que ecoou através do Reno, fazendo falta à obra não apenas por sua beleza, mas também por ser parte da estrutura"[8]. Embora sua concepção seja anterior à da sinfonia, e obviamente não se estruture a partir do intervalo-chave desta, *Blumine* acabou sendo por ela absorvido. Prova disso é a sua citação no segundo grupo temático do último movimento da *Titã*. Sob esse outro ponto de vista, se considerarmos, e de fato considera-

---

4. Citado em C. Floros, op. cit.
5. Cf. K. Blaukopf, *Mahler: a Documentary Study,* e C. Floros, op. cit.
6. Conforme D. Cooke, *Gustav Mahler, an Introduction to this Music.*
7. C. Floros, op. cit., e D. Cooke, op. cit.
8. M. Kennedy, *Mahler.*

mos, o movimento final (*Do Inferno ao Paraíso*) como uma síntese de toda a obra, então nos ressentiremos, em alguma medida, do perdido *Interlúdio Floral*.

Conforme já referido em momentos anteriores, o desconforto provocado na platéia na estréia da obra em Budapeste deve-se muito mais à segunda parte (atuais terceiro e quarto movimentos) do que à primeira parte, onde encontrava-se incrustado o movimento *Blumine*. O crítico August Beer se referiu a ele como uma serenata, com uma "melodia íntima e apaixonada no trompete, alternada por uma canção melancólica no oboé. Facilmente reconhecemos os amantes trocando juras no silêncio da noite. Os dois instrumentos *obbligato* são muito sensivelmente acompanhados pelo quarteto de cordas"[9]. Mahler talvez pudesse ter relativizado as críticas posteriores de Nodnagel à luz desta de Beer, se não estivesse ele próprio, de certa forma, arrependido da inclusão. Prova disso é sua confissão a Max Steinitzer, feita logo após a estréia da música para *Der Trumpeter* (antes, portanto, de sua inclusão na sinfonia), de que considerava a serenata "por demais sentimental". Segundo Steinitzer, Mahler o fez prometer destruir a redução para piano elaborada por este último. Talvez o que o persuadiu a inseri-lo na sinfonia foi o tremendo efeito contrastante que poderia provocar entre os atuais primeiro e segundo movimentos. Outro depoimento intrigante do compositor foi dado à amiga Natalie Bauer-Lechner. Chamando-o de "episódio amoroso", Mahler declarou tê-lo retirado da sinfonia devido à similaridade de tonalidade com os movimentos que o ladeavam (ambos em ré maior/menor). Ora, o manuscrito traz o movimento em dó maior e não em ré, o que nos deixa intrigados com o depoimento. Outro testemunho importante para a elucidação do que teria selado a sorte dessa encantadora, mas despretensiosa serenata, defenestrando-a da sinfonia em 1896, é uma carta de Bruno Walter a Mihály Meixmer, datada em 26 de janeiro de 1962, na qual escreve:

> o senhor me pergunta sobre o *Andante* da *Sinfonia n. 1*, que foi executado quando da estréia em Budapeste e depois abandonado (sic). [...]. Conheço bem esse movimento e sei o motivo real pelo qual Mahler desistiu dele. Trata-se de uma peça puramente lírica e tão diferente da audácia dos outros movimentos da sinfonia que poderia dar a impressão de uma ruptura estilística[10].

Após sua redescoberta, por ocasião do leilão da Sotheby's em 1959[11], *Blumine* foi apresentado em concerto no dia 18 de junho de 1967, durante o Festival de Aldenburgo, sob a regência de Benjamin Britten. Sua primeira execução como parte da sinfonia deu-se em 9 de abril do ano seguinte, quando Frank Brieff regeu a Orquestra Sinfônica de New

---

9. Citado em C. Floros, op. cit.
10. B. Walter, *Gustav Mahler*.
11. Ver nota 8, p. 35.

Haven[12]. Um dos problemas mais evidente de reincorporá-lo à sinfonia diz respeito à sua fossilização, uma vez que não foi mais revisado após 1893, enquanto os demais movimentos continuaram a sofrer modificações. Assim, quando executado, defrontou-se com a versão "definitiva" dos demais movimentos, soando ainda mais deslocado e *naif*. Mais coerente, portanto, seria sua execução a partir da versão original de Budapeste ou da revisão de Hamburgo. Em 1969, Joel Lazar regeu a versão original de Budapeste em um concerto na Universidade Harvard. Também essa reconstrução, a partir da versão da estréia, parece discutível, pois o próprio Mahler encetou várias correções em 1893 (revisão para execução em Hamburgo), interferindo no próprio *Blumine*.

Talvez uma pista hermenêutica de sua inadequação no contexto da *Titã* seja o fato de haver muito pouco a ser analisado quanto a este movimento, entenda-se tanto uma análise meramente formal ou uma investigação de aspectos semânticos. Pode-se dividir o movimento (*Andante allegretto* em compasso 6/8) em três partes: A-B-A'. Por (A) entendemos a enunciação do tema exposto por um solitário trompete, a partir do compasso 5, discretamente acompanhado pelas cordas em trêmulos, acordes isolados da harpa e pedal das trompas. Pequenos comentários das madeiras aparecem a partir do compasso 10 (com anacruse em 9), nada que possa, contudo, interromper o raciocínio do trompete, mas, talvez, meramente ondas do rio Reno em calmo movimento sob a melodia que lhes atinge, mas que tem outro destino, no além-margem. Essas intervenções tornam-se mais expressivas e evidentes a partir do compasso 21, quando as cordas (primeiros segundos violinos e violoncelos, depois violinos em oitavas, secundados pelos violoncelos) ecoam uma imitação do motivo derivado do tema principal. Após uma resposta da flauta no compasso 30 (a amada despertando ao som da serenata e respondendo de sua janela?), tudo parece se aquietar e os compassos 36-40, prenunciando os movimentos lentos das sinfonias posteriores (especialmente as de número 4, 5 e 6), oferecem uma transição (formada por delicados glissandos das cordas em surdina) para a segunda parte do movimento. A partir do compasso 41 temos, então, o início da segunda parte (B). Sua introdução é marcada por vacilantes aparições das madeiras, em uma atmosfera embrumada e onírica. O desenho de fusas que surge nas harpas, no segundo tempo de cada compasso a partir do 63 em acompanhamento ao comovido comentário das cordas, prepara a resposta feminina que só ocorre a partir do compasso 72 e está entregue ao oboé. Assim como fizera o amado (trompete), o canto do oboé paira sobre as cordas sem ser perturbado ou interrompido. Seguem comentários da primeira trompa e

---

12. *Blumine* foi publicado pela primeira vez em 1968 (copyright de 1967) pela Theodor Presser Company (Pensilvânia).

dos violinos enquanto ele (ela) retoma o fôlego para voltar a cantar no compasso 87. Seu canto é mais melancólico e menos otimista, sendo, também, menos "epidérmico" do que o do trompete. Uma flauta solo rememora o tema do trompete a partir do compasso 84 (será uma deslumbrada dama de companhia?). Madeiras e cordas repetem seus desenhos de vagas, preparando o início da terceira parte (A'). Então, a partir do compasso 111 (com anacruse), o trovador reapresenta seu tema de amor, declinando em um pedal. Um solitário clarinete relembra o tema, enquanto os violinos o completam. Após ondulações dos violoncelos e dos primeiros violinos, o trompete volta ainda uma vez para repetir dois compassos de seu canto. Com um compasso e meio de defasagem, o oboé responde, tímido e decrescente. Antes disso, porém (justamente no espaço deixado entre a pergunta e a resposta), ouvimos um violino solo que em poucas notas confere a todo o movimento um caráter de lenda ou fábula e não pode ser dissociado do estilo narrativo de Richard Strauss. Violinos e harpas retomam o clima de Andante/Adagio que viria a ser indelevelmente associado a Mahler.

Ironia, sarcasmo, jogos de sentidos, rompimentos formais, heterofonia? Nada disso, apenas um dueto de amor platônico, ingênuo e despretensioso, muito diferente do espírito que habita a sinfonia como um todo. Uma respiração bem-vinda entre o primeiro e o atual segundo movimentos da obra ou uma desnecessária interrupção no fluxo discursivo da sinfonia? Seja como for, nestes tempos atuais de interpretação historicamente informada, o delicado *Blumine* renasceu das cinzas, fornecendo material para a argumentação de mahlerianos e antimahlerianos, igualmente apaixonados em suas assertivas.

9. 2º Movimento: *A Todo Pano* (*Scherzo*, Valsa ou *Ländler*?)

> *O terceiro movimento nos leva a um pub de vilarejo. Tem o título de scherzo, mas é uma boa e honesta dança camponesa.*
> August Beer[1]

Após a aventura mística do primeiro movimento (e do reconfortante *Blumine,* caso reintegrado à obra), entramos em um autêntico movimento de dança, escrito na despretensiosa forma tripartite (A-B-A', ou dança-trio-dança). Quanto ao que está contido nessa simples forma, entretanto, temos uma inusitada combinação de *ländler* e valsa vienense, cuja aparente despretensão esconde sutis e picantes comentários musicais ao cardápio sonoro da época[2]. O programa da estréia em Budapeste referia-se a ele simplesmente como *scherzo*, enquanto que o manuscrito de Hamburgo traz também a indicação *A Todo Pano*. Nos já referidos comentários publicados em um jornal de Budapeste na véspera da estréia da *Titã* – possivelmente de autoria do próprio

---

1. Citado em C. Floros, *Gustav Mahler: The Symphonies*. Note-se que Beer refere-se ao scherzo como terceiro movimento, como de fato foi até 1896.
2. Não nos devemos esquecer que, apesar de Brahms e Wagner dominarem as discussões intelectuais da época e serem sinceramente apreciados por uma minoria capaz de compreendê-los, a maioria das pessoas que supostamente ouvia boa música era servida por valsas de Johann Strauss.

Mahler – encontramos este movimento descrito como uma *Procissão de Casamento*, sucedendo o "sonhar acordado" de *Blumine* e antecedendo a *Marcha Fúnebre*. Trata-se, sem dúvida, de um *scherzo* quanto à forma e a função no contexto da sinfonia. Um *scherzo* em forma de dança, misturando o campesino *ländler* (em andamento bem movido) e a aristocrática valsa (sempre mais moderada).

Muito já se disse a respeito da suposta origem desse *scherzo* estar na canção *Hans und Grete,* um *ländler* com letra do próprio Mahler, composto em 1880. Poderíamos achar similitudes entre a letra desse *ländler*[3] e a segunda canção do ciclo *Lieder eines fahrenden Gesellen,* na qual baseia-se muito do movimento inicial. Na verdade, apesar dos regozijos em relação à natureza, *Hans und Grete* é muito menos pretensiosa e muito mais assertiva em seu conteúdo poético. Ela, de fato, narra uma historieta entre dois personagens muito bem identificados, mostrando seu comportamento um tanto bizarro no jogo da sedução e do amor. Além do mais, *Hans und Grete* termina bem, com um amante rendendo-se aos encantos do outro e ninguém precisando ir ao encontro da natureza como ungüento para uma ferida de amor. Ainda mais relevante para essa discussão é o fato de tanto a canção quanto o *scherzo* terem como matriz um fragmento para piano a quatro mãos, possivelmente, em 1876. De qualquer forma, há evidentes semelhanças rítmicas entre esse *ländler* e o *scherzo* da *Titã,* assim como também há em relação ao *scherzo* da *Sinfonia n. 2* e, conseqüentemente, à canção *Des Antonius von Padua Fischpredigt* (*O Sermão de Santo Antônio de Pádua aos Peixes*) do ciclo *Des Knaben Wunderhorn* (*A Trompa Mágica do Menino*), escrito entre 1892 e 1899. O que temos, na realidade, é que *Hans und Grete* tornou-se o protótipo da canção mahleriana, em sentido lato, trazendo vários elementos que se tornariam parte indissociável de seu estilo sinfônico inicial, a saber: a veia melódica popular, o acompanhamento sinfônico baseado em ostinatos e a abundância de pequenos motivos que permitem desenvolvimento[4]. Como observou Floros, esses elementos também formam a base dos movimentos de dança das sinfonias de Mahler, acrescentando-se, ainda, as amplas áreas harmônicas, os "gestos rudes" e as chamadas inserções ou parênteses[5]. Por inserções, entendemos as estruturas predominan-

---

3. A singela letra de *Hans und Grete* faz uso de um estribilho infantil (*Ringel, ringel Reih'*), equivalente a algo como *Ciranda Cirandinha,* usado para introduzir e unir as partes de uma cantiga de roda. Em suas estrofes diz: "se você está feliz, junte-se à dança, / se você tem preocupações, deixe-as em casa, / se você beija seu amor, que sorte você tem! / Hei, Hansi, você não fisgou ninguém – então procure alguém! Um benzinho para amar, isso é o importante. / Hei, Gretel, por que ficar só? / Mas olhando para o Hansi à distância? / O mês de maio não é tão verde? E o ar é tão doce! / Vejam agora o estúpido Hans, como ele corre para a dança! / Ele procurou em amorzinho – urra! – e encontrou um!".
4. Nesse sentido, ver D. Cooke, *Gustav Mahler, an Introduction to His Music.*
5. C. Floros, op. cit.

temente rítmicas, muitas vezes parte do próprio ostinato, que interferem de forma fragmentada e com diversos coloridos instrumentais durante os desenvolvimentos dos temas e motivos principais.

Escrito na tonalidade de lá maior (dominante da tonalidade principal da sinfonia, ré maior), em compasso ternário simples (3/4), tinha seu andamento indicado inicialmente por *Kräftig bewegt* (vigorosamente animado), como consta da edição Weinberger atualmente difundida pela reimpressão Dover de 1984. Posteriormente, em sua revisão para a editora Universal de 1906, Mahler acrescentou a expressão *doch nicht schnell* (mas não muito rápido).

Violoncelos e contrabaixos em uníssono (real e não apenas de escrita) enunciam o ostinato sobre o qual violinos I e II e violas tecem pequenos comentários em oitavas ascendentes que se incorporam ao ostinato e trazem um clima rústico e contagiante ao qual não se consegue ficar indiferente (para o bem e para o mal)[6]. No compasso 9 (com anacruse), as madeiras (flautas, oboés, clarinetes e fagotes) enunciam o primeiro tema completado pelos violinos I e II, com sutil comentário da trompa III. Tudo é descontração e dança, embora seja inegável um certo sabor macabro do ostinato. Completada a melodia, violoncelos e baixos são deixados novamente a descoberto por dois compassos, quando então as oitavas que a comentam (e complementam) retornam dessa vez nas madeiras, sem fagotes. No compasso 27 (com anacruse) os violinos é que repetirão o tema principal, sendo secundados pelas flautas na segunda parte que termina comentada pelas trompas I e II. Uma barra de repetição pede que toda a primeira parte de (A) seja repetida, não havendo porque não o fazê-lo, uma vez que se trata do material principal, exposto em uma seção muito breve[7]. Ultrapassada a barra de repetição, o ostinato usual é inicialmente sustentado pelas trompas V, VI e VII e fagotes, seguido por um desenho contínuo nos segundos violinos e violas, proveniente do comentário de encerramento da primeira parte. Enquanto isso, madeiras retomam o tema principal, agora uma quinta acima, com a indicação *Schalltrichter in die Höhe!* (com as campanas viradas para cima) para os oboés e clarinetes. O ostinato prossegue nas mesmas trompas, agora com o desenho secundário nos fagotes (ao invés de segundos violinos e violas). Sur-

---

6. Há uma sutil variação na maneira de grafar essa figura nas edições Weinberger, de 1899, (com duas colcheias, sendo a segunda em *staccato*) e na edição Universal de 1906 (com uma colcheia ligada a uma semicolcheia, seguida da respectiva pausa de semicolcheia). O efeito sonoro é o mesmo, mas Mahler (com toda a bagagem de diretor de orquestra adquirida até 1906) deve ter preferido não correr o risco de ver o sinal de *staccato* desrespeitado, com a conseqüente emenda da segunda colcheia na primeira nota do compasso seguinte.

7. Gravações antigas e, portanto, paradigmáticas (como a de Bruno Walter) não observam essa repetição, certamente devido à curta duração dos antigos discos de vinil. Por motivos óbvios, tal prática não deve ser seguida.

gem então intervenções nas trompas I-VI. São seqüências de colcheias em *ff*, também com a indicação de serem tocadas com as campanas dos instrumentos (extremidade em formato de sino) voltadas para cima e em forma *bouché*[8]. Não há dúvida de que temos aqui um comentário irônico que pode ser relacionado a algo próximo de "risadas de hienas". Afinal não estamos no campo, talvez assistindo a danças em comemoração ao casamento de dois ou mais camponeses? Até o compasso 91 teremos a repetição desse jogo de variações sobre o ostinato, variações sobre parte do material temático e intervenções cômicas nos metais (trompas em número cada vez maior até que as sete estejam tocando e posteriormente também trompetes III e IV, aos quais será deixada a "risada irônica" nos compassos 88 e 90). Eventuais reminiscências aparecem nos trompetes I e II, mas será no compasso 91 (com anacruse) que todas as trompas, em uníssono, trarão a primeira parte do tema principal de volta. O crescendo geral leva ao clímax da seção no compasso 100. Temos, no plano harmônico, uma inusitada combinação de tonalidades (dó sustenido maior, fá menor e si bemol menor) que dão origem a um momento de incerteza tanto tonal (sugerindo, no mínimo, uma passagem bitonal) quanto modal (maior/menor). Em seguida, Mahler promove uma rarefação do instrumental até que apenas violoncelos e contrabaixos ruminem um motivo derivado do ostinato, em dinâmica cada vez mais suave (*p* nos compassos 108-109, *pp* nos compassos 110-111 e *ppp* dali em diante). Tudo serve para preparar a volta completa do tema a partir do compasso 120, com pequenas variações de instrumentação. Um apressando iniciado nos violinos e violas no compasso 133 (*Vorwärts*), seguido pela volta do tema e combinado com diversos fragmentos de ostinato, leva à coda da parte A, na qual destaca a insistência da escala ascendente pentatônica (estrutura básica da música folclórica), culminando com um corte em *fff* nas cordas e *ff* nas madeiras, tímpanos e percussão, em uma espécie de completude (*Erfüllung*)[9].

Quatro compassos entregues a uma trompa solo são suficientes para promover a transição à seção seguinte. Já em andamento moderado (*Mässig*), a trompa enuncia o ritmo pontuado que marcará o trio. Esse é iniciado no compasso 175 com a indicação *Recht gemächlich* (bastante confortável). Violoncelos apresentam um outro tipo de ostinato, em *pizzicato* e harpejos ascendentes, enquanto os violinos I e II tocam o tema valsante (com a indicação de *muito doce, mas expressivo*), completados pelo oboé, em desenho descendente, bem articulado e muito caricato. Seria esse o momento dos noivos esquecerem um

---

8. Com a mão do músico dentro da campana da trompa, tornando seu som ao mesmo tempo menos rossoante e mais metálico.

9. Conforme a análise de elementos da poética de Mahler proposta por Adorno e comentada no capítulo 7.

pouco o rústico *ländler* e dançarem uma valsa, com toda a elegância que conseguirem reunir? Os principais comentários ao tema são trocados entre as flautas e os clarinetes para que esse seja retomado no compasso 193 e completado de forma ainda mais irônica por flautas, oboés e clarinetes em um portamento descendente[10]. Os violinos retomam o valsar e o oboé porta mais uma vez o tema, que é comentado por violinos I e II alternados, até o extinguir da sonoridade em um *pppp* que marca o fim da primeira parte do trio[11]. A segunda parte se inicia com um contratema de valsa nos violoncelos e depois oboés. Seu caráter é muito belo e nobre e não se pode deixar de pensar em Tchaikóvski ou mesmo Berlioz ao ouvi-lo. Nada poderia ser mais vienense e, ao mesmo tempo, nada seria mais distante da moda vienense (Johann Strauss!). No compasso 228 o andamento é apressado (*Etwas frischer* – um pouco mais rápido) e intervenções nos trompetes, intercaladas com respostas das madeiras, trazem de volta o clima do *ländler* da seção anterior. A partir do compasso 237 temos um lindo exemplo de heterofonia, em que a bela melodia valsante nos violoncelos e depois violinos (agora mais apressada) é combinada com reminiscências tanto de fragmentos temáticos do *ländler* quanto do ostinato da primeira parte. Vulgar (entre mil aspas) e sofisticado convivem agora lado a lado, em um amálgama indissociável do estilo sinfônico mahleriano. Nem mesmo todos os estudiosos de Mahler têm se mostrado entusiastas dessa combinação de elementos díspares. Vignal, por exemplo, chega a se referir a esse momento do trio como "música de baixo nível", sem deixar de reconhecer que este é um movimento estruturalmente avançado[12]. Após o oboé, associado ao fagote e ao trompete (todos solo), para lembrar uma vez mais o material temático do *ländler*, irrompe um novo elemento de rara beleza, surgido em um contratema oitavado nas flautas e clarinetes (compasso 251). A música entra em um decrescendo, marcado pelo motivo do *ländler* nos violoncelos, intercalado por frases curtas dos violinos, até que estes últimos assumem e conduzem ao morrendo da seção. Mais quatro compassos solo são entregues à primeira trompa para que, uma vez mais, promova a transição entre uma seção e outra. Seu ritmo é o suficiente para trazer de volta ao espírito do ouvinte todo o pulsar do *ländler*.

10. É notável como a ironia e o deboche são aqui transmitidos por meio da articulação, pois fosse essa escala simplesmente ligada ou destacada, tal efeito não seria produzido como o é por meio do portamento (que nada mais é do que uma combinação desses dois elementos opostos). A edição Weinberger de 1899 não inclui os oboés, acrescentado por Mahler para a edição Universal de 1906.

11. Os exageros de dinâmica, tais como *pppp* ou *ffff* são relativamente novos para a época da composição da *Sinfonia Titã*. Ficaram famosos, não escapando ao ceticismo e ao deboche, o *ffff* e o *ppppp* da *Sinfonia n. 6 (Patética)*, de Tchaikóvski, escrita em 1893.

12. M. Vignal, *Mahler*.

Abandonado o momento de sofisticação do trio (uma mera formalidade na festa de rústicos camponeses?), o *ländler* é reapresentado a partir do compasso 285 (*Tempo primo*). Além de maior densidade da orquestração, sua retomada apresenta uma mudança formal importante. Após recapitular o conteúdo da primeira parte do *scherzo/ländler*, Mahler o liga diretamente ao acelerando já ouvido no final da segunda parte, chegando, assim, a uma explosiva e breve coda, concluída por mais dois acelerandos.

Com *Blumine*, ou sem ele, este *scherzo* é plenamente contrastante com o movimento inaugural da sinfonia e acrescenta elementos tanto à própria obra quanto à poética do compositor. Nada poderia ser menos esperado por parte do ouvinte para suceder as brumas matinais do início da obra e conseguir desviar tanto a sua atenção de uma densidade musical e filosófica que só será retomada no último movimento. Com este *scherzo-ländler*-valsa estava-se forjando, a passos largos, o padrão de *scherzo* mahleriano, ao qual o segundo movimento da *Sinfonia n. 2, Ressureição,* dá notória continuidade. Acusá-lo de rústico e vulgar é, ao mesmo tempo, reconhecer um traço do estilo mahleriano (baseado na convivência dos contrastes e na utilização de elementos populares e folclóricos) e – tratando-se de contemporâneos vienenses – uma incoerência, pois, como já mencionado, o dia-a-dia musical da então capital do império austro-húngaro oferecia muito pouca sofisticação (como os também já citados Brahms e Wagner) e muita valsinha banal que desviava o suposto requinte da música para os trajes com os quais eram dançadas nos salões aristocráticos. Inusual, portanto, não era a "vulgaridade", lugar comum de uma crítica pouco informada, mas sim a não superficialidade trazida pelo vulgar e a convivência dessa mesma vulgaridade com o sublime. Acima de tudo, entretanto, está o uso absolutamente consciente que o compositor faz de todos esses elementos (com suas diversas camadas de significado), a ironia pela qual os utiliza e combina e o distanciamento criado pela música. A dança de camponeses de Mahler não é mais a dança de camponeses da *Sinfonia Pastoral*, pois o compositor assume um distanciamento crítico e seguro do que está sendo musicalmente ilustrado, não permitindo que o ouvinte deixe o papel de espectador consciente e se integre ao ditirambo. Também não se trata do mero assistir a uma ação dramática, como fará o espectador de *Salomé* de Richard Strauss ao ouvir e ver a dança da protagonista, pois a este último estará sempre presente a delimitação do espaço cênico (palco sobre o qual a protagonista se apresenta). O espectador mahleriano não está simplesmente na platéia assistindo (ou imaginando, com ou sem a ajuda de notas de programa) o desenvolvimento de uma ação ou idéia, tampouco se torna parte desses últimos. Sua posição/situação é, ao mesmo tempo, dentro e à parte da ação ou da idéia, sempre posto a refletir sobre o que lhe é apresentado, sendo-lhe facultado (sejam críticos ou não) concordar ou discordar do que possa ouvir e sentir. Talvez essa posição flutuante e intermediária fosse, e ainda seja, por demais desconfortável tanto aos pés-de-valsa quanto aos amantes da reflexão puramente musical (Brahms) ou musical-dramática (Wagner).

Início do atual 3º movimento, a Marcha Fúnebre.

10. 3º Movimento: *Funerais do Caçador ("Marcha Fúnebre à Maneira de Callot")*

> *O poeta, o escritor cuja imaginação transporta as imagens da vida cotidiana para o mundo romântico de suas visões, e que as reproduz em seguida com todo o brilho que jorra sobre elas como um admirável ornamento, não tem o direito de se pretender um grande artista e dizer que desejou trabalhar à maneira de Callot?*
> E.T.A. Hoffmann[1]

A segunda parte começa com uma espécie de marcha fúnebre, embora nós não saibamos se devemos levá-la a sério ou interpretá-la como uma paródia. Estamos inclinados a presumir esta última possibilidade, uma vez que o tema principal da marcha fúnebre é a conhecida canção estudantil alemã *Bruder Martin, steh´ schon auf*, que temos freqüentemente cantado, embora não em funerais, mas enquanto bebemos alegremente[2].

Com essas palavras, Kórnel Ábrányi pronuciou-se no periódico *Pesti Hirlap*, em 21 de novembro de 1889, sobre a marcha fúnebre que

---

1. *Contes: Fantasies à la manière de Callot*. Na citada passagem, Hoffmann faz referência ao pintor e gravurista francês Jacques Callot (1592?-1635), particularmente conhecido pela temática realista que expunha a crueldade humana de maneira bastante incomum para sua época, antecipando a pintura de Goya, autor que usou as obras de Callot como fontes de referência e inspiração.
2. Citado em C. Floros, *Gustav Mahler: The Symphonies*.

abria a segunda parte do que então se pretendia ser um poema sinfônico. Mesmo sem conhecimento das intenções programáticas do compositor – lembremos que na estréia em Budapeste o programa impresso designava o movimento simplesmente como *IV. A la pompes funèbre* (sic) – e estando diante de uma música absolutamente inusual, o crítico pode muito bem perceber tratar-se de uma paródia (para dizermos o mínimo). Outro crítico, August Beer, deixou suas impressões da seguinte forma:

> A marcha fúnebre que segue arranca subitamente o ouvinte da atmosfera primaveril que o compositor captou tão bem e o subliminar tom parodístico dos dois primeiros movimentos nos atinge de forma estranha. A marcha da morte começa com a conhecida canção *Irmão Martin, Você Está Dormindo?*, reproduzida fielmente, nota por nota. Trata-se de uma canção humorística, geralmente cantada por coro masculino e jovens em bares, de forma descontraída. A segunda parte, que tem um sabor húngaro, faz lembrar inequivocamente, em tema e harmonização, um dos *Momentos Musicais* de Schubert. Também aqui o tom parodístico é inconfundível nos acentos irônicos dos violinos. Somente no trio, com sua adorável, gentil e reconfortante cantilena, encontramos o verdadeiro caráter de um ritual fúnebre[3].

Quatro anos após a estréia, quando executou em Hamburgo a partitura revisada, Mahler decidiu publicar notas de programa mais detalhadas, dedicando grande espaço delas a este movimento, redesignando-o como *Marcha Fúnebre à Maneira de Callot* e declarando que ao compô-lo:

recebeu uma evidente sugestão a partir de *O Cortejo Fúnebre do Caçador*, pintura parodística bem conhecida por todas as crianças austríacas e recolhida de um velho livro de contos de fadas. Nela, os animais da floresta acompanham o esquife de um caçador até o seu túmulo. Coelhos carregam uma faixa, seguindo uma banda de músicos da Boêmia acompanhados por animais fazendo música, como gatos, sapos, gralhas e assim por diante. Cervos, corças, raposas e outros animais da floresta, empenados ou de quatro patas, seguem o cortejo em atitudes cômicas. À certa altura da peça expressa-se ironia e humor, enquanto que em outros momentos tem-se um clima de terror[4].

Temos aí, nas palavras do próprio compositor, uma declaração de intenções programáticas para o movimento, valendo-se de uma inspiração visual (ou seja, o desenho de Moritz von Schwind)[5]. Além da declarada influência pictórica, acrescentou-se uma nova referência literária, não mais vinda de Jean Paul Richter, mas sim de Ernest Theodor Amadeus Hoffmann. Trata-se, porém, de um acréscimo posterior à composição da música, feita por sugestão do amigo e biógrafo,

---

3. Citado em K. Blaukopf, *Mahler: a Documentary Study*.
4. Citado em C. Floros, op. cit.
5. Provavelmente a partir de uma muito difundida xilogravura dessa cena desenhada por Schwind.

Ferdinand Pfohl, conforme descreve este último em seu livro *Gustav Mahler*, ao comentar a revisão da obra em 1893:

quando Gustav Mahler estava trabalhando em sua primeira sinfonia, ele freqüentemente me mostrava seus esboços preliminares, bem como os movimentos recém-completados[6]. Ele estava empenhado em achar um título grandioso e carismático e me dizia: 'eu lhe imploro, descubra um título para minha sinfonia!'. Eu lhe sugeri que a chamasse simplesmente *Sinfonia da Natureza* ou algo semelhante, e que para o terceiro movimento acrescentasse o subtítulo *Marcha Fúnebre à Maneira de Callot,* uma vez que o movimento era muito estranho, grotesco, bizarro, um espetáculo fantástico... Ele, porém, hesitou, pois não possuía um exemplar das *Fantasias à Maneira de Callot* de E. T. A. Hoffmann. Naquele mesmo dia, por mero acaso, vi uma bela edição dessas famosas fantasias na vitrina de uma livraria; comprei-a e levei até ele. Poucos dias depois, Mahler me disse ter encontrado um título adequado para sua sinfonia: "vou chamá-la *Titã*[7].

A partir desse relato pode-se inferir que até mesmo a referência a Jean Paul e seu romance seria posterior à composição da obra, o que a vincularia, ainda mais, às *Canções do Viajante*. A informação de Pfohl contrasta um pouco com as afirmações de Guido Adler, segundo as quais Mahler conhecia as obras de Hoffmann desde a juventude, sentindo-se, desde o início, atraído também pela figura do personagem Kreisler, um mestre-de-capela, um tanto autobiográfico do próprio Hoffmann. Seja como for, diferentemente do que pode ter ocorrido com respeito a Hoffmann (ao menos o Hoffmann dos *Contos*), Mahler estava muito familiarizado com a obra de Richter antes de trabalhar na *Titã*, mas é certo que a outra referência ao poeta (o título *Blumine* atribuído ao então segundo movimento) também só foi acrescentada na revisão de Hamburgo. Lembremos aqui de um outro compositor para o qual o mundo extramusical exerceu sempre um grande apelo e constituiu fonte contínua de inspiração: trata-se de Robert Schumann, cuja obra *Kreisleriana, opus 16* (1838, revisada em 1850) também toma seu título de Hoffmann. Tal como ocorre na *Titã*, a inspiração literária dessa obra de Schumann é menos direta do que se pode inicialmente presumir[8].

De qualquer forma, consideradas todas ou apenas algumas das referências literárias e pictóricas normalmente associadas ao movimento, trata-se de uma música deveras distinta de tudo que o público estava acostumado a ouvir, tanto pelo acúmulo de elementos e figuras

---

6. Pfohl fala como se Mahler estivesse concebendo a obra, mas na verdade trata-se da revisão de 1893.
7. Citado em K. Blaukopf, op. cit.
8. Como entendeu Charles Rosen, a *Kreisleriana* de Schumann não é exatamente baseada na obra homônima de Hoffmann, mas sim em um personagem (Johannes Kreisler) de uma outra obra inacabada desse mesmo escritor intitulada *Kater Murr* (*O Rosnado do Gato*).

aplicados de uma só vez à música (humor, citação e *objets trouvés*, ironia e amarga ironia, sarcasmo, bufonaria, dissimulação, paródia, metáfora, metalinguagem etc.) quanto pela convivência de níveis (padrões) díspares de fazer musical, do mais sofisticado ao mais singelo e "vulgar". A audição desse verdadeiro "caldeirão semântico" foi um choque, contrastando em muito com os movimentos da antiga primeira parte, que podem muito bem ser civilizadamente incompreendidos, sem suscitar especial repulsa. Michael Kennedy relata que "o público sentiu-se contrafeito com as pinceladas de *grotesquerie* do movimento lento"[9], enquanto Michael Steinberg vai mais além, dizendo que "o uso de material vernacular apresentado de forma ligeiramente pervertida" (*Frère Jacques* no modo menor):

a música parodística e vulgar com lacrimosos oboés e trompetes, o 'boom-chick' do bombo com o prato e a citação da última canção do viajante no meio disso tudo criaram uma grande confusão nos ouvintes que sentiam que algo muito irreverente estava ocorrendo[10].

Em carta a Max Marschalk, datada em 26 de março de 1896, Mahler declarou que

para o terceiro movimento[11] (*marcia funebre*) o fato é que o estímulo externo veio a mim por meio de um conhecido quadro infantil *O Enterro do Caçador*. Porém, a esta altura é irrelevante o que é retratado, tratando-se apenas de uma questão de "clima" a ser transmitido, do qual o quarto movimento brota abruptamente, como um raio saltando de uma nuvem escura. É simplesmente o grito de um coração profundamente ferido, do qual a antinatural e ironicamente aconchegante sensualidade da marcha fúnebre tira sua origem. Ironicamente, no sentido da *eironeia* de Aristóteles [...] [12].

Uma outra importante declaração do compositor a respeito do caráter e espírito deste movimento foi dada em conversa com Natalie Bauer-Lechner, na qual aconselhou que se imaginasse

o seguinte cenário: um cortejo fúnebre passa por nosso herói, e a miséria, bem como toda a aflição do mundo com seus tremendos contrastes e horrível ironia, o moldam. Deve-se imaginar a marcha fúnebre do *Irmão Martin* sendo tocada de forma enfadonha por uma banda de músicos muito ruins, como os que costumam acompanhar tais cortejos. A aspereza, alegria e banalidade deste mundo surgem então em sons produzidos concorrentemente por músicos da Boêmia, ouvidos ao mesmo tempo com o terrível lamento de dor do herói. Há, então, um efeito chocante na tremenda ironia e surpreendente polifonia, especialmente quando vemos o cortejo retornar do sepultamento

---

9. M. Kennedy, *Mahler*.
10. M. Steinberg, *The Symphony*.
11. O movimento *Blumine* tinha acabado de ser excluído.
12. Citado em K. Blaukopf, op. cit. e C. Floros, op. cit.

(depois da bela seção intermediária) e a banda do cortejo começa a tocar a usual melodia alegre (que, aqui, faz gelar os ossos)[13].

Esse depoimento é especialmente importante para relativizarmos a história da gravura propriamente dita (na qual a ironia é praticada por meio do falso velar dos animais) e valorizar o impacto que a cena tem sobre a figura que o próprio Mahler chama de "herói" da obra. Este, ao que tudo indica, ficou profundamente consternado ao assistir a passagem do cortejo fúnebre, independentemente do sarcasmo dos animais. No que se refere às instruções do compositor aos regentes que viriam a interpretar a *Titã*, destaca-se uma carta dirigida a Franz Schalk (sem data), seu subordinado na Ópera de Viena, recomendando-lhe que interpretasse o já terceiro movimento "humoristicamente (no sentido macabro)"[14]. Outro documento importante é uma carta a Bruno Walter, escrita em Nova Iorque, em dezembro de 1909, na qual conta suas impressões ao dirigir novamente a sinfonia. São suas palavras: "Fiquei muito mais satisfeito com esse ensaio juvenil. É uma experiência curiosa para mim dirigir uma dessas obras. Uma sensação de doloroso ardor se cristaliza. Que estranho universo se reflete nesses sons e nessas figuras! A *Marcha Fúnebre* e a tormenta que a sucede são um feroz requisitório contra o Criador!". Todas essas impressões de época e pronunciamentos do próprio compositor, bem como de seus amigos próximos, são suficientes para dar a medida da trama envolvendo essa marcha fúnebre, a primeira do ciclo sinfônico mahleriano.

A maioria das análises deste movimento prefere entendê-lo como um rondó, de estrutura evidentemente *sui generis*. Sob esse ponto de vista, sua forma é simplesmente A-B-A-C-A-B-A, em que (A) corresponde ao cânon sobre a canção *Bruder Martin* (mais conhecida entre nós como *Frère Jacques*), (B) traz as duas melodias vulgares que se opõem ao cânon e (C) é o tema da última estrofe da derradeira canção do ciclo *Lieder eines fahrenden Gesellen*. Embora confortável, tal análise é, ao mesmo tempo, simplória e enganosa, pois centra suas preocupações em um único fio condutor (certamente importante) e deixa de perceber os grandes blocos ou partes da narrativa. Mais rico e adequado é perceber o movimento em quatro partes distintas, conforme a estrutura gráfica da própria partitura, revelando, assim, as extremas mudanças de clima em maior detalhe.

Escrito em ré menor, e andamento *Solene e moderado, sem arrastar* (*Fierlich und gemessen, ohne zu schleppen*), este movimento que atua como parte "lenta" da sinfonia (sem, na realidade, ser vagarosa) é iniciado pelos tímpanos, entoando em *pp* as notas ré-lá durante dois

---

13. Citado em C. Floros, op. cit.
14. Citado em K. Blaukopf, op. cit.

compassos, retomando, assim, o mesmo desenho gerado no final do primeiro movimento, dotando a peça de grande coerência e densidade. Assim fazendo, o compositor parece dizer: "bem, após a descontração da cerimônia de casamento (e do divagar de *Blumine*, se assim desejarem os possíveis futuros restauradores) voltemos ao *ethos* inicial, retomando a odisséia interior de nosso herói". No compasso 3 surge o tema do cânon, ou seja, a melodia de *Frère Jacques* tocada nota por nota – porém no modo menor – em um misto de paródia, citação/*objet trouvé* e ironia/sarcasmo (como sabemos, trata-se do funeral do caçador, acompanhado pelos animais da floresta que fingem tristeza ao disfarçar uma alegre melodia em uma marcha fúnebre). O tema é tocado por um contrabaixo solo, embora seja útil saber que, no manuscrito de Hamburgo, violoncelo e contrabaixo tocavam juntos, chegando-se à versão de contrabaixo solo a partir da primeira partitura impressa (Weinberger, 1899). Abre-se aqui um grande paradoxo, pois, considerando-se as claras intenções do compositor e o patamar técnico do contrabaixo em finais do século XIX, o solo deveria soar grotesco e feio. Entretanto, os contrabaixistas contemporâneos (dirigidos por regentes a quem se deve, evidentemente, atribuir a maior parcela de culpa) esforçam-se em tocá-lo de forma lírica e agradável e, quando são bem sucedidos, traem totalmente as intenções desse importante trecho. São oito compassos de melodia, sempre acompanhados pelo tímpano, sendo que a partir do sétimo temos a entrada da segunda voz no fagote solo. No compasso 11 entrará o violoncelo, no 15 a tuba e no 17 o clarinete, destacando-se, dessa forma, cada entrada por meio da mudança de timbres. No compasso 19 temos uma entrada do oboé (também solo, com a indicação *um pouco destacado*) que Adorno chamou de *o primeiro exemplo do típico contraponto mahleriano*[15]. Trata-se de um motivo bastante rítmico que contrasta com o cânon, não derivando dele em nenhum aspecto (nem de qualquer elemento de sua estrutura), o que nos permite falar em heterofonia e não em simples polifonia. Um claro antecedente desse procedimento é a *Marcha do Cadafalso*, quarto movimento da *Sinfonia Fantástica* de Berlioz[16]. Prosseguem as entradas canônicas, com as flautas no compasso 23 e o corne inglês dois compassos depois. O contramotivo do oboé retorna no compasso 29, agora reforçado pelo clarinete em mi bemol, um dos instrumentos prediletos de Mahler para os efeitos irônicos e que é aqui empregado pela primeira vez em sua música. Nesse mesmo compasso, trompas e harpas (em uma combinação timbrística das mais inusitadas) também surgem para participar do cânon, que prossegue por mais nove compassos, até que os implacáveis tímpanos, como os chamou

---

15. T. Adorno, *Mahler: A Musical Physiognomy*.
16. Porém, enquanto a heterofonia berlioziana dentro da sinfonia fica exaurida naquele trecho, a mahleriana está só começando.

Vignal[17], passem a tocar apenas a nota ré, deixando em branco os tempos anteriormente destinados à dominante (lá). É o esmorecimento da marcha e a preparação da segunda parte.

Com a indicação *Ziemlich langsam* (*Bastante lento*), a segunda parte tem início com os dois oboés tocando em terças, logo contrapostos pelos trompetes (alternando paralelismos de terças e sextas). Trata-se da primeira das duas "melodias vulgares" que escandalizaram espectadores e críticos, servindo de transição para a segunda delas, caracterizada pelo surgimento da "outra banda", cuja aparição se dá no compasso 45. Com a indicação *Mit Parodie* (*Com Paródia*) e o andamento *Nicht schleppen* (*Sem arrastar*), ouvimos clarinetes em mi bemol e fagotes, secundados pelas flautas, entoarem a segunda melodia vulgar, sob o acompanhamento de cordas *col legno*[18] e – para o inconformismo das platéias do agonizante império Habsburgo – percussão formada por pratos e bombo no ritmo "boom-chick", "boom-chick" etc., tão característico das bandas militares boêmias[19]. A melodia propriamente dita, bem como a anterior que lhe serve de ponte, tem um sabor inegavelmente judaico, além de boêmio. No compasso 51 (com anacruse) os violinos assumem pela primeira vez um papel de destaque no movimento, trazendo de volta a primeira melodia vulgar, dessa vez com uma introdução mais espaçada (semínimas em *ritenuto*, ao invés de colcheias, pontuadas com pequenos acentos). O timbre dos violinos e a suspensão temporária do acompanhamento pela "bandinha" (pratos e tímpanos) confere um pouco de dignidade à melodia e os trompetes são novamente convocados para o contraponto. Note-se que a alegria das duas melodias vulgares é indissociável de um caráter patético que as torna amargas tanto quanto risíveis. Segue-se um pequeno desenvolvimento dessas idéias em vários instrumentos, marcado também pela volta da percussão no compasso 56 e por uma brevíssima seqüência estriônica nos violinos que crescem de um *pp* a um *ff* em apenas meio compasso. Um breve retardando prepara o comentário do "herói" frente a tudo isso, o que ocorre com os violinos (compassos 63-66, com anacruse, e depois oboés 67-71, com anacruse).

---

17. M. Vignal, *Mahler*.
18. Técnica dos instrumentos de arco que consiste em friccionar as cordas com a parte da madeira do arco (ao invés das crinas), produzindo-se, dessa forma, um som mais seco e mais débil. Um magnífico antecedente desse uso está no último movimento da *Sinfonia Fantástica* de Berlioz.
19. Segundo elocubra Philip Barford, o bebê Gustav Mahler era levado por sua babá para passear em seu carrinho. A jovem flertava com um militar e possivelmente costumava dirigir-se às proximidades do quartel para esperá-lo, onde os sons de bandas e fanfarras militares talvez tenham se misturado e fundido com suas cantigas de embalar (como o *Frères Jacques*?) usadas para ninar e distrair o pequeno Mahler. Seria essa a remota origem da heterofonia mahleriana?

O ritmo do comentário do "herói" é análogo ao da segunda melodia vulgar, mas vem carregado de *pathos* e, sintomaticamente, acompanhado pelos implacáveis tímpanos que retomam sua seqüência de tônica-dominante. O final do comentário do herói (nos oboés) rememora os compassos 3 e 4 do tema do cânon e são emendados pelos fagotes que o prosseguem. Enquanto isso, violas e violoncelos entoam o contracanto ao cânon (originalmente apresentado pelo oboé e depois pelo clarinete) e um novo rarear dos tímpanos prepara o final da seção, onde os últimos compassos (com a lúdica presença das harpas combinadas com trompas) fazem antever os movimentos lentos das sinfonias posteriores[20].

A terceira parte cumpre a função de um trio (na perspectiva que estamos adotando e que exclui o entendimento do movimento como um simples rondó). Escrita em sol maior, traz a indicação *Sehr einfach und schlicht wie eine Volksweise* (*Muito singelo e simples como uma canção popular*). Constitui um episódio lírico e belo que não poderia ser mais contrastante com a parte anterior. Sua melodia, apresentada a partir do compasso 86 (com anacruse), nada mais é do que a segunda (e última) estrofe da última canção do viajante *Die zwei blauen Augen* (*Os Dois Olhos Azuis*), apresentada pelos violinos (que fazem as vezes do cantor) intercalados pelas flautas, oboés e clarinetes (que reproduzem quase integralmente o acompanhamento da canção). Ocorre aqui um fato curioso. A seção está escrita em sol maior, tonalidade da quarta canção do viajante, citando, porém, uma melodia que na canção é apresentada em fá maior e antecedida pelo mesmo tipo de preparação modulatória, fruto do esquema mahleriano de tonalidade progressiva, experimentado pela primeira vez nos *Lieder eines fahrenden Gesellen*[21]. A letra da respectiva estrofe da canção citada nessa seção do movimento diz: "À beira do caminho encontrava-se uma limeira / e lá encontrei finalmente o descanso no sono! / Sob a limeira / que derramou suas flores sobre mim". Vê-se que, embora represente uma radical mudança de clima, dá continuidade à história do "herói" que, após a consternação de ter assistido ao cortejo fúnebre, vai buscar consolo para sua própria dor (de amor) e o encontra embaixo de uma limeira (*Lindenbaum*), que é certamente a metáfora de seu próprio túmulo. A continuação da melodia é entregue ao oboé solo, na mesma seqüência da canção original, acompanhando a letra "lá esqueci-me dos males da vida, /tudo se tornou bom novamente! / Tudo, tudo, / amor e dor, o mundo, meus sonhos!". A finalização da seção dá-se na mesma ordem de comentários do final da canção, com os motivos da

---

20. A gênese do Adagio/Andante mahleriano já se encontra na última canção do ciclo *Lieder eines fahrenden Gesellen*.

21. Quanto à tonalidade progressiva nos *Lieder eines fahrenden Gesellen*, ver D. Cooke, *Gustav Mahler, an Introduction to His Music*.

trompa pairando sobre as cordas e o lamento derradeiro das flautas e oboés em *ppp*. Para o início da quarta e última parte do movimento tem-se uma nova modulação, dessa vez para a distante tonalidade de mi bemol menor. Os tímpanos retomam o ostinato de tônica-dominante, agora secundados pelos violoncelos e contrabaixos. Segundo Deryck Cooke, o consolo romântico trazido pelo trio chega ao fim com retorno da "marcha macabra", enfatizando-se, assim, a idéia da aniquilação[22]. O cânon sobre a melodia do *Frères Jacques* retorna nas flautas e fagotes (compasso 114) com segunda entrada no corne inglês e nas seis trompas. O contratema rítmico também retorna no clarinete em mi bemol, a partir do compasso 118, apoiado por dois violinos solos em sua segunda parte. Enquanto a flauta solo faz uma reprise improdutiva do contratema (como se tivesse enroscado no segundo compasso deste último), os trompetes tecem um comentário muito irônico, que soa como verdadeiro humor negro. Mistura-se, aqui, um ritmo fúnebre com um deboche musical (escrito em deliciosas terças tão caras à música folclórica e popular), preparando, assim, a volta da "bandinha" que retorna após o sepultamento do caçador. Isso, de fato, ocorre a partir do compasso 132 (com anacruse) com a presença da segunda melodia vulgar, novamente acompanhada pela percussão. A esse retorno segue-se uma nova ponte, iniciada no motivo reticente dos violinos (que lembram o riso da hiena, porém muito mais disfarçado) e pequenas, porém estridentes, intervenções das trompas em *bouché*. Duas barras duplas cercam o compasso 138 (n. 16) que presencia uma volta à tonalidade ré menor e apresenta nada menos do que quatro camadas de significado, a saber: 1) a continuidade e conclusão do desenho dos violinos; 2) a volta do ostinato tônica-dominante (agora novamente em ré), não mais nos tímpanos e sim nos violoncelos e contrabaixos que haviam sido "treinados" para tanto[23]; 3) o retorno do cânon nos fagotes, trompas e harpas e 4) o motivo de humor negro dos trompetes. Só esse compasso valeria uma análise sobre semântica musical, pois a riqueza de sua heterofonia atua subliminarmente no espírito do ouvinte que tem um resumo concomitante de vários materiais que, a essa altura, já lhe são familiares. O trágico e o alegre se sobrepõem, talvez ilustrando musicalmente como, de fato, coexistem no mundo. Apesar da engenhosidade da sobreposição, nada parece demasiadamente cerebral ou forçado e tudo se encaixa dentro de uma dupla ótica que é, ao mesmo tempo, de sumário e de contínuo desenvolvimento. Esse compasso singular é sucedido por um pedido para acelerar-se o andamento (*Plötzlich viel schneller / Subitamente mais rápido*), em que desponta um novo tema vulgar, certamente derivado

---

22. D. Cooke, op. cit.
23. Os contrabaixos foram "treinados" desde a primeira parte e os violoncelos a partir da segunda parte.

dos dois anteriores, representando o tipo de melodia alegre que as bandas de funerais entoavam após os sepultamentos[24]. Seu sabor é novamente muito judaico e na seqüência há o retorno do primeiro tema vulgar (oboés acompanhados pelo ostinato dos tímpanos e perturbados por intervenções *bouché* nos trompetes). Antes do esmorecer final (no qual tímpanos, pratos, bombo e tam-tam dividem a marcha e promovem o rareamento da instrumentação e do acompanhamento, aos moldes do ocorrido no final da primeira parte), o contratema ao cânon é novamente ouvido, mais irônico do que nunca, pois é tocado pelo fagote (com seu timbre vetusto se comparado ao oboé do início) sem o tema do cânon para a ele se contrapor. Após as últimas notas (dós em pianíssimo, servindo de dominante à tonalidade do próximo movimento) temos a instrução de atacar o movimento final sem interrupção, mas respeitando uma fermata de barra que pede uma certa suspensão do gesto antes do ataque, criando extrema expectativa.

Além (ou aquém) de qualquer análise de natureza semântica, temos a estonteante mestria musical desse movimento que, de certa forma, funda o contraponto moderno, que é levado ao paroxismo por Berg e tem Shostakovich como um dos principais continuadores no mundo da sinfonia. É possível falarmos aqui em todos os principais elementos da hermenêutica mahleriana sem sequer nos reportarmos à obra pictórica de Schwind[25], ou mesmo às notas de programa oferecidas ao público de Hamburgo, pois o próprio discurso musical, com suas citações e colagens, se incumbe de esclarecer as "intenções e afetos". O *Frère Jacques* no modo menor, as melodias vulgares, a típica banda de funeral e a interrupção de uma "banda concorrente", a canção do viajante cuja letra é conhecida e dá continuidade à temática do primeiro movimento e, acima de (e entre) tudo, a sobreposição dos elementos díspares é por si só um arrazoado sobre a(s) música(s).

---

24. Um interessante paralelo pode ser observado na música norte-americana, na qual as bandas de negros que acompanhavam os cortejos fúnebres em alguns estados do sul (tocando melodias alegres após o enterro) desenvolveram um estilo que contribuiu, sobretudo, para a gênese e evolução do jazz.

25. O desenho de Schwind pode ser visto na obra citada de K. Blaukopf.

11. 4º Movimento: *Do Inferno ao Paraíso*

> [...] na transição para o finale, onde os instrumentos da orquestra irrompem em um grito tremendo, o timpanista não conseguiu atingir todo o vigor do fortíssimo exigido por sua parte, obrigando Mahler a repetir a passagem várias vezes. Porém, como os resultados obtidos ficaram muito aquém do que era por ele exigido, o regente-compositor ficou furioso, pulando do pódio e correndo entre a orquestra em direção aos tímpanos. Lá chegando, tomou as baquetas das mãos do timpanista e começou a tocar a passagem ele mesmo, para grande surpresa da orquestra. Executou, então, o trecho com grande segurança, tocando um instrumento que não lhe era familiar com uma força poderosa e primordial.
> A insólita cena atingiu o máximo de sua tensão quando, ao atacar o instrumento com fúria, uma das baquetas escapou de sua mão e, impulsionada pela pele do instrumento, voou, zumbindo pelos ares e indo pousar no meio da orquestra. Esse momento foi tão arrebatador para os músicos, e para alguns amigos que assistiam ao ensaio da sinfonia, que todos aplaudiram ruidosamente.
> Ferdinand Pfohl[1]

O derradeiro movimento da sinfonia inaugura a tradição de monumentalidade dos movimentos externos na obra de Mahler. Trata-se

---

1. Citado em K. Blaukopf, *Mahler: a Documentary Study*.

do mais brilhante movimento já composto para uma primeira sinfonia de um compositor, sendo ela mesma, a mais estonteante primeira sinfonia já composta. Com seus quase vinte minutos de música, tanto promove uma recapitulação das idéias centrais da sinfonia (musicais e filosóficas) quanto lhe proporciona uma conclusão, que, posteriormente, terá continuidade e desdobramentos por meio da *Sinfonia n. 2 (Ressurreição)*. Sua forma *sui generis* e seu processo de recapitulação temática autorizam a entendê-lo como um poema sinfônico dentro da sinfonia, no qual ocorrem os três elementos isolados por Adorno[2]: irrompimento, suspensão e completude, fato raro dentro da produção mahleriana. Chama logo a atenção, como notou Vignal[3], seu caráter de oposição em relação aos movimentos precedentes, quer seja em virtude de suas dimensões, quer seja por sua (ao menos aparente) complexidade formal e enfoque independente. Vignal chegou a entender que a sinfonia poderia prescindir desse *finale*, pois, se assim o fizesse, teria como plano geral a evolução do silêncio e da imobilidade do início do primeiro movimento para o mesmo silêncio e imobilidade do final da *Marcha Fúnebre*, traçando uma espécie de arco-íris que lhe conferiria maior equilíbrio formal[4]. Antes de se iniciar a descrição analítica do movimento, sempre tendo como objetivo o garimpo semântico que será aqui especialmente recompensado e lucrativo, exige-se que se discorra brevemente sobre o tratamento de alguns aspectos formais, com o objetivo de prevenir-se da excessiva interrupção da análise de natureza semântica, desviando-se, a todo momento, da atenção dos aspectos mais relevantes do presente trabalho.

ASPECTO HARMÔNICO

Se não nos detivemos em extensas análises harmônicas dos movimentos precedentes isso se deve a dois motivos, quais sejam: por não entendermos ser o jogo harmônico o elemento fundamental de sua construção (bem como da obra de Mahler de uma forma geral, salvo raras, porém importantes, exceções)[5] e por nos concentrarmos primordialmente nos elementos semânticos que elegeram outros meios de manifestação, principalmente no plano horizontal (ou seja, melódico e contrapontístico). Porém, o *finale* traz um outro tipo de abordagem harmônica, pois é aqui que o princípio da "tonalidade progressiva", já

---

2. T. Adorno, *Mahler: a Musical Physiognomy*. Ver também nota 22, p. 49.
3. M. Vignal, *Mahler.*
4. Idem, ibidem.
5. Nesse sentido, ver a obra citada de Theodor Adorno.

ensaiado nos *Lieder eines fahrenden Gesellen*, encontra sua primeira grande aplicação no ciclo sinfônico do compositor[6].

Na penúltima década do século XIX, ainda não era possível a um compositor, especialmente um neófito no gênero, imaginar concluir sua sinfonia em tonalidade distinta da principal inicialmente adotada (no caso da *Titã* o ré maior). Porém, tampouco poderia Mahler, após toda a jornada percorrida pelo seu "herói" – do despertar sob a densa cortina com o "motivo da natureza" caindo sobre a sua cabeça, passando pelo casamento rústico, pelo macabro cortejo fúnebre, e, se ainda quisermos, pelo *kitsch* da serenata às margens do Reno – começar e terminar o movimento conclusivo na tonalidade outrora escolhida. Após tantas vicissitudes reservadas pela viagem, o retorno ao lar não é tão simples quanto poderia ter parecido inicialmente. O herói mahleriano volta a ré maior como Ulisses retorna a Ítaca, tão desfigurado pelos anos de batalha e exílio que só se torna reconhecível a quem o conhece muito bem (e além da superfície). Somente a Argus (seu fiel cão) foi possível a proeza de reconhecê-lo, pois estava familiarizado com um de seus elementos essenciais, o odor.

O seu início é em fá menor, tonalidade herdada da parte central do primeiro movimento e muito distante do "otimismo" do ré maior. O episódio lírico e melódico – que deve ter agradado os ouvintes e críticos que consideraram o movimento "atordoante, cansativo e ainda mais barulhento do que o *finale* da *Sinfonia Fantástica* de Berlioz"[7] – é escrito em ré bemol maior, exprimindo, assim, só pela tonalidade escolhida, certa efemeridade e ironia (ainda que melancólica), pois nada poderia estar espiritualmente mais distante do clima de ré maior, estando, contudo, fisicamente tão próximo, a apenas um semitom de distância. Depois do lirismo vem o desenvolvimento em sol menor, conduzindo aos corais e fanfarras (motivo da vitória), primeiro em dó maior e depois em dó menor. Por fim, subitamente, ré maior, na completude à qual o compositor assim se referiu: "Meu acorde de ré maior deve soar como se tivesse caído do céu, como se viesse de outro mundo"[8]. Após essa aparente conclusão (que tanto satisfez Richard Strauss, a ponto de ter sugerido a Mahler que encerrasse ali a sinfonia)[9], retorna-se a ré menor, retomando-se o clima do primeiro movi-

---

6. Também a *Sinfonia n. 1* de Carl Nielsen, composta quase no mesmo período da *Titã*, começou a aplicar a tonalidade progressiva (ou evolutiva) que na poética do compositor dinamarquês será incorporada ao contínuo desenvolvimento dos temas (técnica da melodia inextinguível).

7. Fato mencionado por Marc Vignal, op. cit.

8. Idem, ibidem.

9. C. Floros, *Gustav Mahler: The Symphonies,* cita a resposta de Mahler a uma carta de Richard Strauss (carta esta ainda não localizada), na qual explica ser aquele um falso final e argumenta em favor da continuação do movimento. Também Michael Steinberg menciona que Strauss, após reger os ensaios preparatórios para a execução

mento. Uma reexposição invertida (que novamente não segue os cânones de modulação) traz fá maior e fá menor, para, através de um irrompimento, conduzir diretamente à conclusão otimista em ré maior, sem os meandros utilizados anteriormente.

Dois aspectos são especialmente relevantes no tratamento tonal aplicado ao movimento. O primeiro deles é o já mencionado emprego da tonalidade progressiva, conceito tão caro a Deryck Cooke, com os evidentes desdobramentos que resultam naquilo que Barford chamou de psiquismo tonal[10]. O caminho até o que deveria parecer óbvio (a volta à tonalidade ré maior) e a busca da abordagem ao mesmo tempo mais surpreendente e mais chocante e desconfortável ao ouvinte são marcas desse psiquismo. Sob essa luz, o movimento progride (ou evolui) do fá menor (*Inferno*) ao ré maior (*Paraíso*). Em segundo lugar, temos o acirramento da dialética modal (embate maior/menor), explicitada em exemplos cruciais: fá menor/fá maior (da introdução à exposição), dó maior/dó menor/dó maior (no ápice do desenvolvimento) e o retorno de fá maior/fá menor na reexposição, concluindo-se com ré menor/ré maior. O uso consciente dos modos maior e menor servem mais do que para enfatizar a mudança de *ethos* (alegre/triste), maniqueísmo por demais simplista para um compositor como Mahler. Seu grande segredo é a possibilidade de revelar a existência de elementos antagônicos dentro de uma mesma porção motívica ou temática (idéia), mostrando que, em última análise, tudo pode ser, ao mesmo tempo, trágico e risível, sublime e vulgar.

ASPECTO ESTRUTURAL

Se ao movimento inaugural atribui-se o epíteto de *Rapsódia Sobre a Canção do Viajante*, como uma alternativa (por vezes bem-vinda) de ter-se de analisá-lo sob os cânones da forma sonata, seria talvez mais apropriado abordar o *Finale* como um poema sinfônico, pois, na verdade, o *Don Juan, opus 20* de Richard Strauss não foi nem mais, nem menos escrito na forma sonata do que o nosso *Dall'Inferno al Paradiso*. Além do mais, não estamos falando de uma obra cuja intenção original de título era *Um Poema Sinfônico em Duas Partes: Dos Dias de Juventude e Comédia Humana*?

Porém, quis Mahler que a jornada de seu "herói" fosse uma sinfonia. Para isso cortou o movimento *Blumine* e excluiu as controvertidas

---

da sinfonia em Weimar (1894), sugeriu a Mahler que concluísse a obra na primeira chegada em ré maior, não entendendo as razões (emocionais, inclusive) para uma "dupla chegada". Apesar de Mahler não ter aceito os argumentos de Strauss, até a década de 1950 vários regentes praticaram a mutilação do movimento, concluindo-o nesse trecho.

10. P. Barford, *Mahler, Sinfonias e Canções*.

notas de programa. Isso, somado ao fato de haver elementos suficientes de forma sonata para uma análise a partir dessa estrutura (modificada evidentemente), leva à opção de tratá-lo como um movimento sonata. Se tal dúvida, quanto à melhor maneira de analisar a forma mahleriana, não ocorre com tanta freqüência nas sinfonias posteriores não é certamente pela adequação plena de seus movimentos às convenções da sinfonia, mas, tão somente, por comodidade analítica, somada à inexistência de orientações programáticas. Em verdade, somente a *Sinfonia n.* 6 apresenta maior regularidade na disposição dos temas e escolha dos procedimentos harmônicos, o que a torna ao mesmo tempo "mais sinfonia" (do ponto de vista da forma, ao menos no sentido bruckneriano desta) e menos surpreendente. Cumpre ainda lembrar que, do ponto de vista escolástico, não basta a existência de um certo número de partes (como introdução, exposição, desenvolvimento e reexposição), elementos de conexão (pontes, codetas, codas etc.) e temas para que se possa falar em forma sonata. Além da arquitetura deve haver, sobretudo, a aplicação de regras na escolha das tonalidades e das modulações desses temas e motivos. O *finale* da *Titã*, contrariando todas as regras acima mencionadas, começa em uma tonalidade e termina em outra, não havendo, ainda, "consangüinidade" entre elas. Assim, a forma sonata será sempre *sui generis* em Mahler, pois tanto o número de temas e partes será, via de regra, diferente do usual, como a escolha das tonalidades é sempre orientada pela dialética maior/menor e pela progressividade ou evolução e nunca pelos padrões tradicionais[11].

CITAÇÕES MUSICAIS E CULTURA DO OUVINTE (HUMANÍSTICA E MUSICAL)

Há, ainda, um outro elemento constitucional distintivo quanto ao último movimento. No decorrer dos três movimentos anteriores (quatro com *Blumine*) há diversas citações, colagens e paródias, tanto de temas e elementos da própria obra mahleriana (como as duas canções do viajante significativamente utilizadas) quanto de elementos de conhecimento e domínio popular (como *Frères Jacques*, marchas milita-

---

11. A forma sonata prevê a exposição de dois temas (ou grupos temáticos) principais, sendo o primeiro deles sempre na tônica. No classicismo, o segundo tema deveria vir na dominante maior para as obras escritas no modo maior e na dominante menor, ou dominante maior ou na tônica relativa (maior) para as obras escritas no modo menor. A partir do romantismo há maior liberdade, podendo o segundo tema em obras escritas no modo maior vir na dominante maior, dominante menor, tônica relativa (menor) ou ainda na subdominante (maior ou menor). Quanto às obras escritas no modo menor, pode vir na dominante maior ou menor, na tônica relativa (maior) ou ainda em outro tom vizinho (tais como subdominante maior ou menor).

res, música fúnebre, danças populares, elementos ultra-austríacos como valsa, ländler e lied etc.). Além da recapitulação resumida de todos esses "empréstimos", o *finale* traz outro desafio aos ouvintes, um desafio cultural e semântico absolutamente crucial para o entendimento da obra. Trata-se da citação (com ou sem variação) de temas e trechos de dois importantes compositores, baseados, por sua vez, na tradição musical e literária medieval. Se no caso das canções do viajante o compositor não poderia esperar que os ouvintes estivessem familiarizados com os temas introduzidos na sinfonia[12] e no caso dos *objets trouvé* populares tinha certeza de que o público os reconheceria[13], nas "citações eruditas" do *finale* fica a expectativa (misto de ingenuidade e ironia) de que quem as ouve possa identificá-las corretamente e, por meio dessas pistas semânticas, chegar às verdades últimas do discurso musical.

São duas as fontes de citação extramahleriana e extrapopular utilizadas no movimento. A primeira delas é a *Sinfonia Dante* de Franz Liszt – cujos movimentos são *Inferno*, *Purgatório* e *Magnificat*[14] – de onde serão utilizados o "motivo do inferno" (apelidados de "tercinas infernais"), usado desde a introdução, e o famoso "motivo da cruz", que o próprio Liszt decalcou de uma frase de canto gregoriano e que Mahler empregou tanto no modo maior quanto menor, modulando, assim, o seu significado contextual. A outra fonte de citação é o tema do Graal da ópera *Parsifal* de Wagner, que por sua vez é originário de uma mistura do mesmo "motivo da cruz" de Liszt com o *Amem* de Dresden[15].

É bastante provável que o jovem Mahler esperasse que os seus ouvintes conhecessem as obras de Liszt e Wagner (assim como Liszt talvez tenha esperado que seus ouvintes conhecessem a *Divina Commedia* de Dante Alighieri) e reconhecessem essas citações, podendo, dessa forma, melhor entender o "assunto" da sinfonia. Parece bastante plausível que o obstinado compositor (e leitor) não tivesse

---

12. A não ser, evidentemente, as performances precedidas pela execução do ciclo *Lieder eines fahrenden Gesellen*.

13. O que não se pode evidentemente presumir quanto a execuções na América e outros continentes. Ao reger a *Sinfonia Titã* em Nova Iorque, por exemplo, Mahler defrontou-se com uma platéia ainda mais despreparada para decodificá-la.

14. O *Magnificat* significando o Paraíso.

15. Aponta-se com freqüência o paradoxo entre a intensa atividade de Mahler como regente das obras de Richard Wagner (pois, de fato, revolucionou sua interpretação não apenas do ponto de vista musical, mas também cênico e cenográfico enquanto foi diretor da Ópera de Viena) e a pouca influência que a obra deste teria tido sobre suas sinfonias. Tal fato, entretanto, restringe-se apenas à superfície, pois não nos devemos esquecer de que a sinfonia mahleriana tem como um de seus pilares o modelo sinfônico de Bruckner (que já é uma digestão da poética wagneriana e sua transposição para o universo da sinfonia), e a análise mais profunda das sinfonias revela não apenas a citação (normalmente variada e transfigurada) de temas utilizados por Wagner, mas, sobretudo, o uso de estruturas wagnerianas como o *leitmotif*.

ainda suficiente conhecimento da superficialidade de suas platéias e superestimasse sua cultura (musical e humanística) e capacidade de tecer relações. Essa sorte de ponderações levanta o problema da capacitação do ouvinte mahleriano. É preciso mais do que sensibilidade e boa vontade para penetrar no universo mahleriano e a cultura do ouvinte demarca os limites dessa viagem. Assim como não é possível entender do que está falando o último movimento da *Sinfonia* (1968) de Luciano Berio sem conhecer tanto a canção *Des Antonius von Padua Fischpredigt* (*O Sermão de Santo Antonio de Pádua aos Peixes*) do ciclo *Des Knaben Wunderhorn* (*A Trompa Mágica do Menino*) quanto o segundo movimento da *Sinfonia n. 2 (Ressurreição)* de Mahler, não é possível seguir o pensamento de Mahler sem conhecer suas referências musicais e humanísticas (principalmente literárias, filosóficas e pictóricas).

A importância que a história da música ganha dentro de sua obra é uma outra característica da modernidade (vide o movimento neoclássico que ganhará força nas primeiras décadas do século XX, como mais uma reação à crise do sistema tonal). Eis aí, portanto, mais um dado de profética modernidade na obra de Mahler.

Após a fermata que atua como elemento de suspense ao final da *Marcha Fúnebre*, ataca-se (musical e literalmente) o movimento final. Sua introdução *Stürmisch bewegt* (*Tempestuosamente Agitado*) em compasso quaternário e tonalidade de fá menor, é um dos ataques mais poderosos e selvagens de toda a história da música, cujo antecedente é certamente a tempestade da *Sinfonia n. 6 (Pastoral)* de Beethoven[16]. Um golpe dos pratos (em *fff*) é sucedido pelo acorde dissonante dos sopros (em *ff*), logo emoldurados pelos trinados de dois conjuntos de tímpanos, com o arremate do bombo. Trata-se do que Mahler chamou de "o grito de um coração profundamente ferido"[17]. Seu herói parece despertar as próprias forças naturais com seu desespero. Aqui, diferentemente do que ocorre em Beethoven, a tempestade vem de dentro para fora, do personagem para a natureza. Nos compassos seguintes, as cordas (violinos e violas) servem de ponte para, já no compasso 7 (com anacruse), ouvirmos trompetes e trombones enunciarem o "motivo da cruz" (Liszt, *Sinfonia Dante*) no modo menor, e no compasso seguinte a também primeira aparição das quatro notas[18] que constituem o motivo do inferno (novamente Liszt, *Sinfonia Dante*), tocado pelas madeiras. Este último encontra eco nas cordas (compasso 9) e

---

16. Na *Pastoral*, porém, a tempestade é longamente preparada (com a inserção de um "movimento extra" que rompe com a forma tradicional da sinfonia) e não pega o ouvinte desprevenido tal qual ocorre na *Titã*.

17. Citado em C. Floros, op. cit.

18. Trata-se de quatro notas descendentes (dois intervalos de segunda menor e um intervalo de segunda maior), iniciado por uma tercina (donde o epíteto "tercinas infernais").

sopros (compasso 10). Seguem-se poderosos golpes nos metais e percussão, em diferentes tempos do compasso, como interrupções enfáticas que, no entanto, não detêm o "motivo do inferno" que retorna no compasso 17. Três compassos depois temos uma antecipação de um dos motivos de primeiro conjunto temático (que chamaremos conjunto temático A), sucedido por mais duas intervenções do "motivo do inferno". Entre os compassos 25 e 31 ocorre um fato curioso, uma incrustação de uma passagem do final de *Das Klagende Lied* que atua como um grito ou gemido alto de dor. Na cantata, a passagem está escrita em lá menor e não possui letra, estando emparedada em dois versos da última estrofe do poema escrito pelo próprio Mahler[19]. Na sinfonia, o mesmo trecho aparece em fá menor, em instrumentação bastante próxima (porém mais simplificada). Segue-se com duas novas intervenções do "motivo do inferno", sendo a segunda delas mais alargada[20], sucedida por um jogo de perguntas (nos violinos) e respostas (nas madeiras e violas) extremamente eficiente. No compasso 40 temos o retorno do "motivo da cruz", tocado nos trompetes, novamente no modo menor. Como enfatiza Floros, essa cruz de quatro pontas (notas) terá um papel preponderante no movimento[21]. Ela penetra no mundo do inferno para, ao ser posteriormente transportada para o modo maior (ao contrário do que ocorreu com o *Frères Jacques*), transmutar-se no "motivo da vitória" (em versão próxima à usada por Wagner no seu *Parsifal*). A insistência do motivo (recorrendo mais três vezes) conduz ao início da exposição (compasso 55)[22].

Em andamento *Enérgico* (*Energisch*), apresenta-se o primeiro complexo de temas entregue inicialmente aos sopros (com trompetes a partir da edição Universal e sem ele na edição Weinberger), tendo continuidade nas cordas. Francamente derivado do "motivo da cruz", logo dá lugar a um coral/fanfarra (a partir do compasso 67), cuja pureza de intenções e simplicidade de escrita faz lembrar os episódios de Schumann relacionados aos *Companheiros de David*[23]. Entre um intrigante comentário subliminar dos violinos e uma seqüência de acompanhamento nas madeiras, o metais relembram fragmentos do complexo

---

19. A letra da estrofe final de *Das Klagende Lied* diz: "A rainha cai ao chão, / Trompetes e tambores se calam; / Os cavaleiros e suas damas fogem aterrorizados, / As antigas muralhas se esfacelam. / As luzes se apagam no grande salão. / O que restou da grande festa de núpcias? / Apenas lamento!".

20. Três semínimas e uma mínima (ao invés da tercina).

21. C. Floros, op. cit.

22. Se, por um lado, na obra de Mahler as formas nunca aparecem em sua prescrição acadêmica; por outro, o reconhecimento das diversas seções é, muitas vezes, facilitado pela demarcação com barras duplas.

23. A saber, as *Danças dos Companheiros de David, opus 6* (1837, com revisão em 1850) e o episódio final (*Marcha dos Companheiros de David Contra os Filisteus*) do *Carnaval, opus 9* (1834-1835).

temático. Nos compassos 84 e 85, rápidas escalas nas cordas e madeiras levam a uma seção com sobreposição de camadas, em que as cordas desenvolvem o potencial fugato do primeiro tema do complexo, as madeiras se apegam a outras células temáticas e os metais oscilam entre uma coisa e outra, destacando-se o comentário dos trompetes, em pleno destaque a partir do alargamento (*Zurückhalten*) no compasso 102. O trompete atinge o máximo de sua expressão e ironia (no trecho) com seu comentário a partir do compasso 121[24]. Uma nova e veemente afirmação do coral/marcha schumanniano, com o tema nas madeiras e cordas agudas sobre um acompanhamento de fagotes, violoncelos e contrabaixos (formado por partes da célula principal), conclui o grupo temático que se despede com uma coda a partir do número 12 (compasso 143). Em andamento bastante rápido *Mit grosser Wildheit* (com grande ferocidade), a transição traz violentos crescendos nos metais e madeiras, tudo entrecortado por suspensões (fermatas em barras de compasso) que se tornam mais freqüentes com o esmorecimento do andamento a partir do número 13, diluindo-se, em definitivo, em um *molto ritenuto* a partir do compasso 158. Trompetes e trombones com surdinas relembram o "motivo do inferno". Ainda uma ponte é formada pelos violinos em *ppp*, em estilo francamente lisztiano, chegando-se, finalmente, ao segundo complexo temático (compasso 175). Sob a indicação *Sehr gesangvoll* (muito cantável), inicia-se um momento extremamente lírico, digno dos românticos de primeira hora, mas sem a ingenuidade destes, o que o torna ainda mais pungente. A melodia colorida com violinos e violoncelos se estende sem qualquer pressa na nova tonalidade de ré bemol maior, revelando um estilo mais maduro do que o ouvido até aqui. O cuidado extremo com a agógica (conjunto das modificações passageiras do andamento, tais como acelerações ou retardamentos), enche o trecho com variações, mais ou menos sutis de andamento. Após 16 compassos (em uma passagem formal surpreendentemente regular) surge a segunda parte do tema que nada mais é do que uma citação quase *verbatim* da melodia do início do *Noturno n. 18 (opus 62, n. 2)* de Chopin. É surpreendente que nenhuma análise anterior da sinfonia tenha identificado essa citação tão notória (nem mesmo as detalhadas dissecações de Constantin Floros, por exemplo). Enquanto o noturno de Chopin está escrito em mi maior e inicia-se com anacruse, a passagem correspondente em Mahler encontra-se, como já mencionado, em ré bemol maior e a segunda parte do tema ocorre no segundo tempo do compasso (sem anacruse, portanto). A música de Chopin não parece ter desempenhado papel muito relevante na formação pianística do jovem Mahler, embora haja regis-

---

24. Cada uma dessas camadas é musicalmente interessante por si só e um ensaio de orquestra no qual se toquem as partes isoladamente constitui uma experiência que revela a beleza e a intensidade do contraponto mahleriano.

tro de ter executado uma balada do compositor polonês em um recital de caridade, organizado por ele mesmo em Iglau em setembro de 1876 (após, portanto, o primeiro ano de estudos em Viena). É certo, porém, que o seu pianismo foi muito mais voltado para os românticos alemães (com destaque para obras de Schubert, Schumann e Brahms), fato que torna a citação mais curiosa, especialmente como segunda parte de um período temático. O ponto nevrálgico da seção acontece na forma de um rubato, tipicamente romântico e chopiniano, no compasso 211, que conduz, pouco a pouco, a um fortíssimo de sete compassos (enfatizado com o posicionamento de uma fermata na nota mais aguda do compasso). A partir de então, a melodia se "escoa", indo em direção à transição que surge no compasso 237, após longos pedais nas cordas e tímpanos. Uma codeta de 16 compassos traz de volta o ameaçador motivo nos violoncelos e contrabaixos, ouvidos no final da introdução do primeiro movimento (compasso 47)[25]. Dois compassos depois, as seqüências de quartas descendentes reaparecem ("motivo da natureza"), sucedidas pelo "motivo da cruz" e, logo em seguida, pelo "motivo do inferno".

Ainda uma aparição do "motivo da cruz" conduz ao início do agitado (e prolixo) desenvolvimento, dividido em nada menos do que quatro partes. Tempestuosamente agitado (*Stürmissch bewegt*) é a indicação para a primeira parte, escrita em sol menor e marcada pelo trabalho dos trompetes e trombones, criando sobre o "motivo da cruz" e emparedado entre os comentários das cordas e madeiras. Uma expressiva manifestação das trompas em uníssono ocorre no meio da seção (compasso 266), que ainda reserva irônicos comentários das madeiras agudas. Seu final ainda é agitado, contrastando com o início já mais calmo (mesmo que ainda em *ff*) da segunda parte do desenvolvimento, escrita em dó maior[26]. Sobre o trinado em pianíssimo das cordas, as madeiras "falam" ainda sobre o material há pouco apresentado, porém com perda de dinâmica e de ironia. Quase subitamente, trompetes e trombones com surdina entoam, em *pp*, o "motivo da cruz", mas dessa vez no modo maior, dando origem ao "motivo da vitória" (compasso 298, com anacruse). Seu desdobramento é um coral/marcha, ainda nos mesmos instrumentos, continuados pelos oboés e clarinetes. Estamos já na terceira parte do desenvolvimento, escrita em dó menor, na qual todo o material anteriormente apresentado é levado ao paroxismo, incluindo a reapresentação do "motivo do lamento" (de *Das Klagende Lied*). Um espaçamento da harmonia e da melodia (representada pela insistente retomada do "motivo da cruz") leva a um irrompimento no compasso 371 (antecedida por poderosa afirmação

---

25. Agora escritas em oitavas pelos violoncelos divididos em dois grupos.
26. Note-se que em toda sinfonia não houve tanta variedade de tonalidades como nesse último movimento.

4º MOVIMENTO: *DO INFERNO AO PARAÍSO*

do mesmo motivo nos trombones e tuba). Trata-se do primeiro dos dois irrompimentos do *finale*, em que quatro poderosos compassos (de transição e modulatórios) conduzem à quarta parte do desenvolvimento (*Pesante*, compasso 375), marcada pela segunda afirmação do "motivo da vitória" ("motivo da cruz" no modo maior), agora em *fff* e em ré maior[27]. O "motivo da cruz" é, então, ligado ao "motivo do paraíso" (compasso 388), que nada mais é do que o "motivo da natureza" (quartas descendentes do primeiro movimento), transmutado em uma otimista afirmação em ré maior, adornado pelo lindo (e também triunfal) comentário contrapontístico dos trompetes. A tônica da obra grita, levando a uma imediata sensação de completude, de tal forma convincente e poderosa que incentivou Richard Strauss a sugerir a Mahler que cortasse tudo o quanto sucede essa passagem e terminasse aqui a sinfonia, onde entendia ser o "verdadeiro final". Depois de uma jornada tão acidentada e gerando tanta expectativa, angústia e ansiedade no ouvinte, a completude trazida pela mais do que criativa maneira de chegar à tônica da obra, merecia marcar o seu final triunfante, livrando-se o indefeso ouvinte de uma "recaída" nos meandros depressivos da obra. Mahler, contudo, explicou a Strauss tratar-se, na verdade, de um falso final, pois a verdadeira vitória está sempre além do que é imaginado pelo guerreiro. Segundo Mahler, "este é o caráter de toda batalha espiritual, uma vez que não é fácil tornar-se, ou manter-se, herói"[28].

Como desejou Mahler, tudo não passou de uma "miragem". A partir do compasso 428 temos uma passagem que faz a ponte entre o desenvolvimento (em quatro partes principais, como já destacado) e a reexposição. Em ré menor e andamento muito lento, ouvimos o retorno do clima da introdução do primeiro movimento, com as quartas descendentes ("motivo da natureza") tocadas nos segundos violinos e violoncelos, enquanto as demais cordas atuam como a cortina do amanhecer (seria o saudosismo que o herói tem de sua juventude?)[29]. A fanfarra em acelerando também retorna, porém não mais à distância e nem nos clarinetes, mas sim nas trompas com surdina. O "motivo do inferno" a sucede (trompetes em oitavas no compasso 434), sendo logo afastado pelo eco de fanfarra nas clarinetas (a ajuda infantil se aproximando?), pelo "motivo do cuco" (nas flautas, oboés e clarinetes) e pelo "motivo dos pássaros" (trilili), nas flautas. Um expressivo

---

27. Primeira afirmação de ré maior não apenas no *finale*, mas desde o primeiro movimento.
28. Ver nota 9, p. 79.
29. Lembre-se aqui da técnica de reminiscências usada por Strauss em *Morte e Transfiguração*, opus 24 (1889), quando o personagem em seu delírio às portas da morte rememora os dias de juventude, musicalmente expressos por meio da pureza do tema do início da obra.

interlúdio nas cordas, que inclui várias pequenas suspensões com fermatas (sobre notas e sobre barras de compasso), envolvendo, também, um inusitado compasso em 8/8, leva à conclusão do desenvolvimento. Esta é composta pelo "motivo ameaçador" do primeiro movimento, novamente nos fagotes e violoncelos, com inserções do cuco nos clarinetes, com uma breve, mas essencialíssima, aparição da segunda canção do viajante nos fagotes e a finalização com o "motivo dos pássaros".

Tem, então, início a mais inusual das reexposições, que bem poderia ser chamada de "reexposição caranguejo", pois o primeiro complexo temático a ser reexposto é o segundo da exposição (complexo temático B) e não o primeiro. Agora em fá maior (nem o ré bemol maior de quando foi apresentado pela primeira vez, nem o fá menor do início da exposição com o primeiro complexo temático), é retomado com algumas variações que dão a impressão de certa perda do lirismo da exposição. Após seu ponto culminante – para o qual Mahler reforçou a instrumentação e a dinâmica quando revisou para a edição de 1906[30] – são colocados longos pedais nas cordas graves, clarinetes e tímpanos, retomando a cortina, evidentemente com outra textura. Criada com sucesso a atmosfera de expectativa, as violas fazem rápidas e eloqüentes intervenções que, a essa altura, fazem tremer o ouvinte que já está com os nervos à flor da pele, logo se transformando na célula chave do primeiro complexo temático da exposição que será agora reapresentado (a partir do compasso 533). A tonalidade é fá menor (portanto a mesma em que foi tocado na exposição) e o jogo aqui é retomar o primeiro complexo temático em pianíssimo, como que a demonstrar que o inferno está agora (de fato e finalmente) distante e que o final triunfante se aproxima. O espírito fugato é desenvolvido por imitação (tal qual ocorreu na exposição), tornando-se tudo mais intenso a partir do compasso 572, com o espessamento do contraponto imitativo e o início de inserções de motivos da fanfarra/coral. Os trompetes disparam o primeiro motivo de fanfarra do primeiro movimento no compasso 592, dando início a um dos mais espetaculares crescendos já compostos. Após um angustiante (mas esperançoso) percurso de 26 compassos, nos quais os motivos do inferno ainda sobreviventes são pouco a pouco neutralizados, chegamos a uma fanfarra com as sete trompas, tocando com as campanas voltadas para o alto[31] (em processo análogo ao que ocorreu a partir do compasso 345 do primeiro movimento). Como no primeiro movimento, a fanfarra leva ao poderoso irrompimento que ocorre no compasso 623. Já estamos em ré maior novamente e desta vez o irrompimento não é improdutivo, mas

---

30. Incluindo flautas e oboés (compassos 489-495), clarinetes (compassos 496-450) e oitavando os segundos violinos (mesmos compassos 496-450).
31. *Schalltrichter in die Höhe.*

traz consigo o "motivo da vitória" ("motivo da cruz" da *Sinfonia Dante* de Liszt no modo maior)[32]. O que se ouve em seguida é puro deleite, com cordas graves e tímpanos apresentando um ostinato muito rítmico, sobre o qual trompetes e trombones preparam a terceira (e última) vinda do "motivo do paraíso" (compasso 649, com anacruse), primeiro nestes mesmos instrumentos e, em seguida, nas trompas. Sua reapresentação prossegue com a indicação *Triumphal* e a instrução de que as trompas devem tocar em pé[33]. O motivo é repetido algumas vezes, já sem pressa, pois chegou-se aonde se pretendia. Após a tremenda sensação de completude – que revela ao ouvinte o quanto a "finalização" anterior (eleita por Strauss) era falsa e ilusória, só resta partir para a poderosa coda (compassos 696 ao final), marcada pelo delírio das trompas que repetem suas tercinas ascendentes do primeiro movimento. Nos últimos cinco compassos há ainda uma surpresa: um verdadeiro solo nos tímpanos em trinados serve de base para dois acordes em *tutti* (compassos 727 e 729, respectivamente) e prepara o corte final composto de duas notas (semínimas em marcato), criando-se, assim, a inusitada situação de ter o último acorde da obra em um tempo fraco do compasso.

A saga foi longa, mas o "herói" sobreviveu e triunfou. Ao menos por hora, pois sem sabermos o que acontece entre a primeira e a segunda sinfonias verificamos, um tanto atônitos, que esta última começa justamente com o funeral do "herói" da *Titã*[34]. Nas palavras do próprio Mahler "chamei o primeiro movimento" (da *Sinfonia n. 2*) "de *Marcha Fúnebre* e, se você quer mesmo saber, nele estou enterrando o herói da minha *Sinfonia em ré maior*, cuja vida capto em uma pura reflexão a partir de um privilegiado ponto de vista"[35].

Especial atenção foi dada aos momentos de completude e irrompimento, mas tais não seriam possíveis sem uma seqüência de suspensões, evidentemente mais discretas do que aqueles. São aqui suspensões o próprio complexo temático B (com seu andamento contrastantemente

---

32. Compasso 361 (*Pesante*).

33. Sob a indicação *Die Hörner Alles*. Trata-se, evidentemente, mais de um efeito cênico do que musical.

34. Logo após a conclusão da *Titã*, em 1888, Mahler escreveu um movimento sinfônico intitulado *Todtenfeier* (*Ritual Fúnebre*). Embora inicialmente planejado como o primeiro movimento de uma sinfonia em dó, foi oferecido à editora B. Schott's Söhne em forma de poema sinfônico. Somente no verão de 1893/1894 retomou o projeto da sinfonia, revisando *Todtenfeier* e acrescentando os demais movimentos. Suas confissões a Natalie Bauer-Lechner revelam que esse ritual fúnebre é o enterro do herói de sua *Primeira* (herói esse que haverá de ressuscitar ao final da *Segunda*). Note-se que tal sorte de continuidade de conteúdo descritivo é a mesma do ocorrido com o herói da *Sinfonia Fantástica* de Berlioz na continuação de sua saga por meio de *Lelio ou O Retorno à Vida*.

35. Carta de Mahler a Max Marschalk, citada em C. Floros, op. cit. e K. Blaukopf, op. cit.

mais lento), as fissuras internas do fluir da música, representadas pelas fermatas[36] e, principalmente, o episódio que serve de elo entre o final do desenvolvimento e o início da reexposição, com uma das passagens mais belas escritas para viola que, nesse momento, é transformada no próprio viajante, ou "herói", da sinfonia. O movimento que hoje arrebata platéias do mundo todo foi, durante a vida do compositor, motivo de profundo estranhamento. Tratava-se, para usar ainda uma metáfora, de uma pilhéria da qual ninguém ria. Sobravam então duas hipóteses para explicar essa reação em massa, ou ela não tinha graça alguma ou ninguém a havia entendido. Sabemos hoje se tratar da segunda hipótese, sensivelmente agravada pelo fato de que o seu entendimento pressupunha e dependia do entendimento das histórias anteriormente contadas por Beethoven, Schubert, Berlioz, Liszt, Bruckner e Wagner.

---

36. Tanto sobre as notas (em variadas posições no compasso), quanto sobre as próprias barras de compasso.

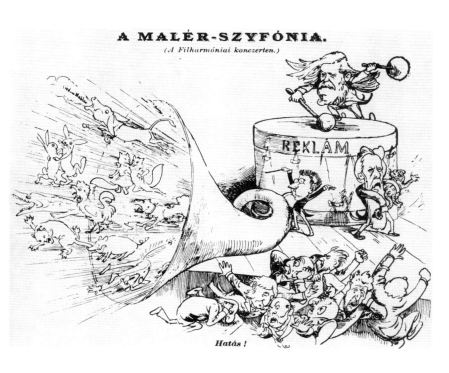

Caricatura publicada na revista *Bolond Istók*, de Budapeste, quatro dias após a estréia da sinfonia.

Gustav Mahler em Roma, quando regeu o Adagietto da *Sinfonia n. 5*, em 1907,

12. Conclusões Mahlerianas

> *A música é única entre as artes em sua capacidade de expressar concomitantemente emoções conflitantes...*
> Deryck Cooke[1]

Nenhuma primeira sinfonia, independentemente do talento e alcance do compositor, foi ao mesmo tempo tão ousada e tão pessoal quanto a *Sinfonia Titã* de Gustav Mahler. Ao contrário do que se possa inicialmente pensar, tal fato trouxe apenas obstáculos ao compositor, dificultando sua aceitação, mesmo entre a elite intelectual de seu tempo, e retardando sua compreensão por várias décadas. O próprio Mahler lamentou, evidentemente com certa ironia, não ter seguido o caminho de Beethoven ou mesmo Wagner, cujas primeiras obras foram escritas em estilo muito próximo ao de seus antecessores (Haydn e Mozart no caso de Beethoven; Weber e Meyerbeer no caso de Wagner)[2]. Ao contrário, seu estilo e sua temática foram, desde o início, muito pessoais, deixando seus ouvintes sem referências imediatas para comparação e exigindo deles o duplo esforço de se adaptarem imediatamente a um novo modelo e de garimpar as inúmeras referências à música do passado (erudita e folclórica) extremamente metamorfoseadas e pulverizadas em suas obras.

1. D. Cooke, *Gustav Mahler: an Introduction to His Music*.
2. M. Steinberg, *The Symphony*.

Composta na transição entre os séculos XIX e XX – transição essa tão carregada política, artística e emocionalmente, que não por acaso viu surgir a psicanálise – a música de Mahler não aceita facilmente qualquer um dos rótulos aplicados ao período, como, por exemplo, o estigma da *Art Nouveau* (designação tão poética e feliz quanto vaga, apta a abrigar obras tão distintas quanto as de Debussy, Strauss e mesmo Reger). Ao contrário, deve, tanto quanto possível, ser vista como uma das sementes da modernidade musical. Assim como as poéticas de Cézanne, Gauguin e Van Gogh, quando digeridas e continuadas, deram origem a algumas das principais vertentes da pintura moderna (cubismo, fauvismo e expressionismo, respectivamente), também a obra de Debussy e a de Mahler assumiram essa profética missão, a primeira conduzindo aos experimentos modais e mesmo ao neoclassicismo stravinskyano baseado em um tonalismo/modalismo serial (ou serialismo tonal) e a segunda desembocando no atonalismo, tanto livre de um Shostakovich quanto serial da Segunda Escola de Viena.

Na construção de sua obra, Mahler escolheu utilizar a linguagem melódica e harmônica convencional (ao menos em aparência), provocando no espírito do ouvinte, em um primeiríssimo momento, uma certa impressão de familiaridade. Entretanto, a sensação de estranheza não tarda a se impor quando, mais do que qualquer autor antes dele, Mahler põe o seu discurso musical em favor de causas não especificamente musicais, transformando sua música em uma grande divagação filosófica sobre o sentido e o destino do homem e, como conseqüência (e apenas como conseqüência), sobre a música praticada por esse mesmo homem. Surge com ele a "música filosófica", capaz de questionar seu próprio sentido e o de seu criador, tendo na ironia o seu recurso predileto. Não é, portanto, qualquer exagero afirmar que em Mahler a obra de arte deixa de ser um suporte para a comunicação de uma idéia para, pioneiramente, transformar-se, ela mesma, na própria idéia. Ao ouvinte mahleriano impõe-se um problema adicional, pois além de ser convidado ao deleite estético e a possível compreensão de uma informação de natureza estética, ele é chamado a se posicionar e resolver problemas de natureza ética, frente à simulação de mundo (vida e morte) que a obra carrega.

Antes da discussão pormenorizada dos movimentos da *Sinfonia Titã*, propôs-se uma classificação do discurso mahleriano em quatro grandes perspectivas, quais sejam: formal, retórica, psicológica e filosófica, aplicáveis às suas obras como um todo e que encontram nessa sinfonia o seu primeiro grande vôo solo. Após a discussão detalhada de cada um dos movimentos, discutidos dos pontos de vista histórico, estético e formal, pode-se apontar quais são os aspectos mais salientes em cada um deles. Ao primeiro movimento (discutido no capítulo 7) coube o papel de inaugurar a dimensão poética das sinfonias de Mahler, cabendo-lhe, portanto, ênfase principalmente no que se refere às dimensões psicológica e retórica, elaborando, assim, o psiquismo tonal e a metalinguagem musical mahlerianos. Tanto o excluído interlúdio floral *Blumine* quanto o segundo movimento (discutidos nos capítulos 8 e 9) concentram-se no plano prosaico e regional, não sem a ironia inerente ao uso consciente do *kitsch*, mas, sobretudo, trabalham a dimensão lúdica da música, tornando-se apreciável e "fácil", mesmo à sombra da total incompreensão do ouvinte. A regularidade da forma apresentada por ambos é ainda um facilitador de escuta. O terceiro movimento (discutido no capítulo 10) tem sido considerado o mais rico em termos semânticos, tanto musicais quanto extramusicais, visão essa bastante discutível, embora ainda predominante. Seus procedimentos, sem dúvida muito inovadores e mesmo estonteantes, tanto para o jovem autor quanto para o momento histórico de sua composição, dizem respeito também às dimensões retórica e psicológica, com grande sofisticação no que se refere à esta última, dado o apelo ao subconsciente (senão inconsciente) do ouvinte, por meio da manipulação de material conhecido tratado à maneira cifrada e distorcida dos sonhos. Já no último movimento (discutido no capítulo 11), que entendemos ser o mais rico e complexo, explode a dimensão filosófica, com uma força e nitidez sem precedentes na história da música. A ela somam-se as dimensões retórica (como metalinguagem musical), formal (no embate heterofonia/polifonia) e psicológica (psiquismo tonal), mas, sem sombra de dúvida, a essência do movimento repousa no plano filosófico. À maneira de eruditos filósofos, Mahler utiliza, comenta e contradiz idéias de seus predecessores (sem se dar ao trabalho de explicitamente nomeá-las), deixando o ouvinte à mercê de seu próprio conhecimento (ou desconhecimento) sobre o que ilustres antecessores afirmaram e discutiram (Wagner, Liszt, Bruckner, Schumann, Chopin e Beethoven entre eles).

Abstendo-se de mencionar as diversas confirmações e "descobertas" de natureza semântica que formam a possível contribuição deste trabalho – pois isso coube aos capítulos que lançaram um olhar analítico sobre a sinfonia – resta observar a transcendência da obra mahleriana em relação ao universo estritamente musical. Sem, evidentemente, subestimar a valia que as análises aqui ensaiadas possam ter para o profissional da música (regente, executante ou musicólogo), há que ponderar a importância dos estudos mahlerianos para outros ramos do conhecimento, reiterando-se a necessária multidisciplinaridade de tais estudos. Cabe à história da arte, filosofia e lingüística a colheita desses frutos, que são importantes peças do quebra-cabeças cultural, artístico e semântico. Quiçá seja tão ou mais proveitoso aos pesquisadores dessas áreas o estudo do discurso musical mahleriano, para a compreensão do próprio universo de investigação dessas outras esferas do conhecimento, do que para o executante dessa música privilegiada que, voluntária ou involuntariamente, derrama sobre o mundo uma mensagem ao mesmo tempo bela e perturbadora (posto que filosófica).

Bibliografia

OBRAS

ADORNO, Theodor W. *Mahler: A Musical Physiognomy*. Chicago, The University of Chicago Press, 1992.
ANSERMET, Ernest. *Les Fondements de la Musique dans la Conscience Humaine et Autres Écrits*. Aylesbury, Éditions Robert Laffont, 1989.
BARFORD, Philip. *Mahler, Sinfonias e Canções*. Rio de Janeiro, Jorge Zahar Editor, 1983.
BARRAUD, Henry. *Para Compreender as Músicas de Hoje*. São Paulo: Perspectiva, 1975.
BAUDELAIRE, Charles. *Richard Wagner e "Tannhäuser em Paris"*. São Paulo, Imaginário/Edusp, 1990.
BAUER, Hans-Joachim. *Guía de Wagner (vols. I e II)*. Madri, Alianza Editorial, 1996.
BENNETT, Roy. *Forma e Estrutura na Música* (Cadernos de Música da Universidade de Cambridge). Rio de Janeiro, Jorge Zahar Editor, 1986.
_____. *Uma Breve História da Música* (Cadernos de Música da Universidade de Cambridge). Rio de Janeiro, Jorge Zahar Editor, 1986.
BERLIOZ, Hector. *On Imitation in Music*. Ensaio reproduzido em Barzun, Jacques em *Pleasures of Music*. Nova Iorque, The Viking Press, Inc: 1951.
BLAUKOPF, Herta. (org.). *Gustav Mahler/Richard Strauss Correspondencia 1888-1911*. Madri, Altalena, 1982.
BLAUKOPF, Kurt. *Mahler: a Documentary Study*. Londres, Thames & Hudson, 1976.
BOULEZ, Pierre. *A Música Hoje*. São Paulo, Perspectiva, 1972.

BUCH, Stefan. *Música e Política: a Nona de Beethoven.* São Paulo, Edusc, 2001.

CARAPEZZA, Pado Emilio. *Le Constituizoni della musica.* Palermo, Flaccovio Editore, 1999.

CASTAGNÈ, André. et. all (orgs). *Gustav Mahler et l'Ironie dans la culture viennoise au tournant du siècle* (Actes du Colloque Gustav Mahler), Montpellier, 16-18 Juillet, 1996. Montpellier, Éditions Climats, 2001.

CHANTAVOINE, Jean. *Les Symphonies de Beethoven.* Paris, Mellottée Éditeur, [s. d.].

_____. *Le Poème Symphonique.* Paris, Larousse, 1950.

COCKER, Wilson. *Music and Meaning; a theorethical introduction to musical Aesthetics.* Nova York, The Free Press, [s. d.].

COOKE, Deryck. *Gustav Mahler, an Introduction to His Music.* Londres, Cambridge University Press, 1980.

COSTA, Cláudio. *Filosofia da Linguagem.* Rio de Janeiro, Jorge Zahar, 2002.

COTTE, Roger J. V. *Música e Simbolismo.* São Paulo, Cultrix, 1997.

DAHLHAUS, Carl. *Estética Musical.* Lisboa, Edições 70, 1991.

DE LA GRANGE, Henry-Louis. *Gustav Mahler: ver la gloire (1860-1900).* Paris, Fayard, 1995.

DELAS, Daniel & FILLIOLET, Jacques. *Lingüística e Poética.* São Paulo, Cultrix / Edusp, 1975.

D'INDY, Vincent. *Cours de Composition Musicale.* Paris, Durand et Fils, 1912.

FISKE, Roger. *Beethoven: concertos e aberturas.* Rio de Janeiro, Zahar Editores, 1983.

FLOROS, Constantin. *Gustav Mahler: The Symphonies.* Portland, Amadeus Press, 2000.

FONTENAIS, A. G. *Biographie des peintres les plus clélèbres.* Paris, Letellier et Guillois, 1844.

FUBINI, Enrico. *L'Estetica musicale dal settecento a oggi.* Torino, Enaudi, 1968.

_____. *Música y Lenguaje en la Estética Contemporánea.* Madri, Alianza Editorial, 1994.

GORDON, Graham. *Philosophy of The Arts: an Introduction to Æsthetics.* Londres, Routledge, 2000.

GRIFFITHS, Paul. *A Músiça Moderna.* Rio de Janeiro, Jorge Zahar Editor, 1997.

_____. *What Mahler Had in Mind (or Was It?).* Nova Iorque, The New York Times, 08 de dezembro de 2002.

GROVE, George. *Beethoven and His Nine Symphonies.* Nova Iorque, Dover Publications, Inc., [s. d.].

HANSLICK, Eduard. *Do Belo Musical.* São Paulo, Editora da Unicamp, 1992.

HARNONCOURT, Nikolaus. *O Discurso dos Sons.* Rio de Janeiro, Jorge Zahar Editor, 1988.

HASKELL, Harry. (ed.). *The Attentive Listener, Three Centuries of Music Criticism.* Londres, Faber and Faber, 1998.

HEUBERGER, Richard. *Schubert.* Berlim, schlesische Verlagsanstalt, 1920.

HOFFMANN, Ernst Theodor Amadeus. *Contes: Fantasies à la manière de Callot,* Paris, Le Livre de Poche, 1969.

HOPENHAYN, Martin. *Crítica de la Razón Irónica: de Sade a Jim Morrison*. Buenos Aires, Editorial Sulamericana, 2001.

HOYER, Michael. *Die multiperspektivische Totalität von Mahlers erster Symphonie* in: Form & Idee in Gustav Mahlers Instrumentalmusik. Wilhelmschaven, Heinrichshofen's Verlag, 1980.

KENNEDY, Michael. *Mahler*. Rio de Janeiro, Jorge Zahar Editor, 1988.

KERMAN, Joseph. *A Ópera como Drama*. Rio de Janeiro, Jorge Zahar Editor, 1990.

_____. *Musicologia*. São Paulo, Martins Fontes, 1987.

LANG, Paul Henry. *The Creative World of Beethoven: Studies by Eminent Scholars in Beethoven's Style, Technique, Life and Works*. Nova Iorque, W. W. Norton & Company Inc., 1971.

LANGER, Susanne K. *Filosofia em Nova Chave*. 2ª ed. São Paulo, 1989.

LEBRECHT, Norman. *Mahler Remembered*. Londres: Faber and Faber, 1998.

_____. *The Maestro Mith, Great Conductors in Pursuit of Power*. Nova Iorque, Carol Publishing, 1995.

LEIBOWITZ, René. *Schoenberg*. São Paulo, Perspectiva, 1981.

LIAN, Antonio Henrique. *Notas de Programa para a "Sinfonia n. 6, em Lá Menor ('Trágica')" de Gustav Mahler*. São Paulo, Arquivo do Theatro Municipal de São Paulo, setembro de 2002.

LIBERMAN, Arnaldo. *Gustav Mahler o El Corazón Abrumado*. Madrid, Altalena, 1982.

LOVELOCK, William. *História Concisa da Música*. São Paulo, Martins Fontes, 1987.

MACDONALD, Ian. *The New Shostakovich*. Oxford, Oxford University Press, 1991.

MAGNANI, Sérgio. *Expressão e Comunicação na Linguagem da Música*. Belo Horizonte, Editora UFMG, 1996.

MAHLER, Alma. *Minha Vida*. São Paulo, Martins Fontes, 1988.

MILLER, Mina. (org.). *The Nielsen Companion*. Londres, Faber and Faber, 1994.

MITCHELL, Donald. *Gustav Mahler: The Early Years*. Los Angeles, University of California Press, 1995.

_____. *Gustav Mahler: Songs and Symphonies of Love and Death*. Berkeley, 1985.

_____. *The Language of Modern Music*. Londres, Faber and Faber, 1993.

NEWLIN, Dika. *Bruckner, Mahler, Schoenberg*. Nova Iorque, King's Crown Press, 1947.

OLIVEIRA, Solange Ribeiro de. *Literatura e Música*. São Paulo, Editora Perpectiva, 2002.

PARENTE, Alfredo. *La Musica e le Arti*. Savigliano, Edizioni EDA, 1982.

ROBINSON, Paul. *Opera & Ideas: from Mozart to Strauss*. Nova Iorque, Cornell University Press, 1987.

ROHMER, Eric. *Ensaio sobre a Noção de Profundidade na Música, Mozart em Beethoven*. Rio de Janeiro, Imago, 1997.

ROSEN, Charles. *The Romantic Generation*. Cambridge, Harvard University Press, 1995.

RYDING, Erik & PECHEFSKY, Rebecca, *Bruno Walter: a World Elsewhere*. New Haven, Yale University Press, 2001.

SCHOENBERG, Arnold. *Fundamentos da Composição Musical*. São Paulo, Edusp, 1993.
SILBERMANN, Alphans. *Guía de Mahler*. Madri, Alianza Editorial, 1994.
SIMPSON, Robert. *Carl Nielsen: symphonist*. Londres, Kahn & Averill, 1986.
_____. (ed.). *The Symphony*. Nova Iorque, Penguin Books, 1978.
SPONHEUER, D. "Der Durchbruch als primärs Formkategorie Gustav Mahlers – Eine Untersuchung zum Finalproblem der Ersten Symphonie" in *Form & Idee in Gustav Mahlers Instrumentalmusik*. Wilhelmschaven, Heinrichshofen's Verlag, 1980.
STEINBERG, Danny D. & JAKOBOVITS, Leon. *Semantics, an Interdisciplinary Reader in Philosophy, Linguistics and Psychology*. Londres, Cambridge University Press, 1976.
STEINBERG, Michael. *The Symphony*. Nova Iorque, Oxford University Press, 1995.
STRAVINSKY, Igor. *Estética Musical em Seis Lições*. Rio de Janeiro, Jorge Zahar Editor, 1996.
ULLMANN, Stephin. *Semântica*. Lisboa, Fundação Calouste Gulbenkian, 1977.
UNES, Wolney. *Entre Músicos e Tradutores, a Figura do Interprete*. Goiânia, Editora UFG, 1998.
VIGNAL, Marc. *Mahler*. São Paulo, Martins Fontes, 1994.
WALTER, Bruno. *Gustav Mahler*. Madri, Alianza Editorial, 1998.
WITKIN, Robert W. *Adorno on Music*. Londres, Routledge, 2000.
ZE'EV, Noan Ben. *The manuscript of Mahler's First Symphony with corrections by the composer in red ink*. Tel Aviv, Haaretz Daily, 19 de dezembro de 2002.

PARTITURAS

BEETHOVEN, Ludwig van. *Six Great Overtures in Full Score*. Nova Iorque, Dover Publications, 1985.
_____. *Symphonies ns. 5, 6 and 7 in Full Score*. Nova Iorque, Dover Publications, 1989.
BERLIOZ, Hector. *Fantastic Symphony: an Authoritative Score / Historical Background / Analysis / Views and comments*. Nova Iorque, Norton Critical Scores, 1971.
_____. *Lelio (The Return to Life)*. Nova Iorque, Kalmus Miniature Scores (Belwin Mills Publishing Corporation), [s.d.].
_____. *Les nuits d'été: Complete Song Cycle in Full Score and Vocal Score*. Nova Iorque, Dover Publications, 2003.
BRAHMS, Johannes. *Complete Symphonies in Full Score*. Nova Iorque, Dover Publications, 1974.
MAHLER, Gustav. *Blumine (Symphonic Movement)*. Nova Iorque, Theodore Presser Co., 1968.
_____. *Das Klagende Lied* (prefácio de Pierre Boulez). Viena, Philharmonia Partituren, [s. d.].
_____. *Des Knaben Wunderhorn and the Rückert Lieder* (for voice and piano). Nova Iorque, Dover Publications, 1999.

_____. *Songs of a Wayfarer and Kindertotenlieder* (in Full Score). Nova Iorque, Dover Publications, 1991.

_____. *Symphonies ns. 1 and 2* (in Full Score). Nova Iorque, Dover Publications, 1987.

_____. *Symphonie n. 1 in D-dur*. Viena, Josef Weinberger, 1899.

_____. *Symphonie n. 1 in D-dur*. Viena, Wien Universal Edition, A.G. (n. 13.820), 1967.

_____. *Ten Songs from Des Knaben Wunderhorn in full score*. Nova Iorque, Dover Publications, 2001.

_____. *Three Song Cycles: Lieder eines fahrenden gesellen, Kindertotenlieder, Das Lied von der Erde* (in Vocal Score.) Nova Iorque, Dover Publications, 1991.

_____. *Todtenfeier: symphonische Dichtung für groBes Orchester*. Viena, Universal Edition, 1988.

STRAUSS, Richard. *Tone Poems: Series I*. Nova Iorque, Dover Publications, 1979.

DISCOGRAFIA

MAHLER, Gustav. *Das Klagende Lied (versão original em três partes). World première recording*. Eva Urbanová (soprano), Jadwiga Rappé (alto), Hans Peter Blochwitz (tenor), Hakan Hagegard (baritone), Hallé Orchestra and Chorus / Kent Nagano. CD ERATO (3984-21664-2), 1998.

_____. *Das Klagende Lied / Symphonie n. 10 (Adagio)*. Elisabeth Söderström (soprano), Grace Hoffman (mezzo-soprano), Ernest Haeflinger, Stuart Burrows (tenors), Gerd Nienstedt (baritone), London Symphony Orchestra &Chorus / Pierre Boulez. Vinil CBS (138734/5), 1970.

_____. *Lieder eines fahrenden Gesellen/Das Lied von der Erde*. Concertgebow-Orchester, Amsterdam/Eduard van Beinum. Vinil, Philips (6780 013), 1957.

_____. *Mahler Plays Mahler*. CD Golden Legacy Recorded Music (GLRS11), 1993.

_____. *Sinfonia n. 1, em Ré Maior (Titã)*. Orquestra Sinfônica de Utah/ Maurice Abravanel. Vinil, Abril Cultural (Mestres da Música), 1980.

_____. *Sinfonia n. 1 (Titã)*. Orquestra Filarmônica de Nova Iorque/Zubin Mehta. Vinil, CBS (61653128), 1982.

_____. *Songs of a Wayfarer (Lieder eines fahrenden Gesellen)/Rückert-Lieder/Kindertotenlieder*. Cincinnati Symphony Orchestra/Jesús López-Cobos. CD Telarc (80269), 1991.

_____. *Symphony n. 1*. New York Philharmonic/Bruno Walter. CD, Sony Classical (MHK 63328), 1998.

_____. *Symphony n. 1 in D*. BBC Symphony Orchestra/Manfred Honeck. CD, BBC Music (BBC MM93), 2000.

_____. *Symphony n. 1 in D (Titan)*. Saint Louis Symphony Orchestra/Leonard Slatkin. Vinil, Telarc (10066-A), 1981.

_____. *Symphony n. 1 "Titan" (incluindo Blumine)*. Polish National Radio Symphony Orchestra/Michael Halász CD, NAXOS (8.550522), 1994.

_____. *Symphony n.. 1 "The Titan"*. London Symphony Orchestra/Alfred Scholz. CD, Movie Play (CCT 610), 1988.

_____. *Symphony n°2, "Resurrection'*. Berlin State Opera Orchestra/Oskar Fried; *Kindertotenlieder*. Berlin State Opera Orchestra/ Jascha Horenstein; *Canções diversas*. Primeiras gravações comerciais de obras de Gustav Mahler (1915-1931). CD NAXOS HISTORICAL (8.110152-53).

_____. *Symphony n. 2, "Resurrection'*. London Symphony Orchestra. Benita Valente (soprano), Maureen Forrester (contralto). London Symphony Chorus, The Ardwyn Singers, BBC Welsh Chorus, Cardiff Polyphonic Chorus / Gilbert Kaplan. CD CONIFER CLASSICS (75605 51337 2), 1998.

_____. *The Symphonies*. Chicago Symphony Orchestra/Sir George Solti. 10 CDs, London (430 804-2), 1991.

MITROPOULOS, Dimitri. *The Minneapolis Years (1940-1945)*. 4 CDs, Cedar (AB 78646-49), 1996. O CD2 (AB 78647) contem a remasterização da primeira gravação comercial da *Sinfonia Titã*. Orquestra Sinfônica de Minneapolis, sob a regência de Dimitri Mitropoulos (1940).

MÚSICA NA PERSPECTIVA

Balanço da Bossa e Outras Bossas – Augusto de Campos (D003)
A Música Hoje – Pierre Boulez (D055)
O Jazz, do Rag ao Rock – J. E. Berendt (D109)
Conversas com Igor Stravinski – Igor Stravinski e Robert Craft (D176)
A Música Hoje 2 – Pierre Boulez (D217)
Jazz ao Vivo – Carlos Calado (D227)
O Jazz como Espetáculo – Carlos Calado (D236)
Artigos Musicais – Livio Tragtenberg (D239)
Caymmi: Uma Utopia de Lugar – Antonio Risério (D253)
Indústria Cultural: A Agonia de um Conceito – Paulo Puterman (D264)
Darius Milhaud: Em Pauta – Claude Rostand (D268)
A Paixão Segundo a Ópera – Jorge Coli (D289)
Filosofia da Nova Música – Theodor W. Adorno (E026)
O Canto dos Afetos: Um Dizer Humanista – Ibaney Chasin (E206)
Sinfonia Titã: Semântica e Retórica – Henrique Lian (E223)
Para Compreender as Músicas de Hoje – H. Barraud (SM01)
Beethoven - Proprietário de um Cérebro – Willy Corrêa de Oliveira (SM02)
Schoenberg – René Leibowitz (SM03)
Apontamentos de Aprendiz – Pierre Boulez (SM04)
Música de Invenção – Augusto de Campos (SM05)
Música de Cena – Livio Tragtenberg (SM06)
A Ópera Barroca Italiana – Lauro Machado Coelho (HO)
A Ópera Romântica Italiana – Lauro Machado Coelho (HO)
A Ópera Italiana após 1870 – Lauro Machado Coelho (HO)
A Ópera Alemã – Lauro Machado Coelho (HO)
A Ópera na França – Lauro Machado Coelho (HO)
A Ópera na Rússia – Lauro Machado Coelho (HO)
A Ópera Tcheca – Lauro Machado Coelho (HO)
A Ópera Clássica Italiana – Lauro Machado Coelho (HO)
Rítmica – José Eduardo Gramani (LSC)

IMPRESSÃO E ACABAMENTO
Barlira Gráfica e Editora S/A